北京古代建築文化大系
庭園編

北京市古代建築研究所 [編]

田中久幾 谷尾詩織 [訳]

グローバル科学文化出版

まえがき

　長い長い 3000 年以上の建城史と悠々とした 800 年以上に渡る首都建設の中で、この北京の土地には 3500 以上もの文化財や古跡の記憶が残された。幾つもの山に連なる万里の長城から炊事の煙が立ち上がる村落に至るまで、帝王が政治を行い生活する宮殿や気晴らしをする庭から死後に祀られる墓に至るまで、祖先を祀る皇家の壇廟から早朝に鐘を鳴らし夕方には太鼓を打つ寺院に至るまで、立派な皇族の屋敷から平穏な民家に至るまで、いばらの中に埋もれてよく文字のはっきりしない石碑から、雲を突き抜けるほど高くそびえ立つ塔に至るまで、これらがこの北京の土地に与えてくれたのは奥深い文化の蓄積であった。

　近年、社会文明の発展に伴い文化遺産の保護が社会の様々な方面から注目を受け、文化財や古跡の保護事業も広範囲にわたって、また非常に深く発展を遂げている。北京は文化財を多く残す大都市として、大多数の文化遺産建築がきちんと保護されている。この珍しく貴重な遺産の内側に存在する価値をより発揮させるべく、北京市古代建築研究所がこの『北京古代建築文化大系』を編集した。

　この本は文字と写真を用いて北京に現存する優秀な文化遺産建築を記録したもので、我々はこのような形で、このような北京千年の歴史を支えている建築を記録し、北京の移り変わりを見守り、先人の英知に溢れた芸術の結晶を永遠の宝にしていきたい。

　このシリーズは建築の思惟から出発し、文化遺産の角度から細かく見たり、芸術的視点から観察をしたり、読者にこれらの奥深い伝統文化を知ってもらうことを目標とし、中国が持つ優秀な伝統文化を継承しさらに輝かしいものにしていくことを目標としながら、芸術的魅力が尽きることのない文化財建築に対する熱い気持ちを発信していく。

　このシリーズは北京に現存する文化遺産建築をタイプと風格で 10 種

類に分け、一種類ごとに一巻にまとめた。各巻でそのタイプが持つ典型性、代表性と特色性を表す文化遺産建築に説明を加え、全面的に、系統的に北京文化財建築の様相、タイプの特質や細かい特徴を反映させた。

『北京古代建築文化大系』は合計で100万字以上の文字、4000枚を超える写真と数百枚の建築スケッチ画により構成されており、先代の人々の成果の延長という面ももち、また我々の長年にわたる仕事の成果のまとめでもある。

北京市古代建築研究所

凡　例

　一　本書は『北京古代建築文化大系』の中の一冊であり、北京地区の古典的な庭園を紹介している。

　二　本書には現存していた代表的な特徴を持ち、きれいな形で保存された古代庭園を収めてある。そのうち馬輝堂の庭園を除き、皇室専属庭園は名高い私立庭園として、選ばれた代表的なものは、造園時期ほぼ清朝の末期に留まる。

　三　本書は文字や図面、写真を合成した形式を使用しており、できるだけマクロから細かいシステムをはっきりと表示したり、北京庭園建築の文化を解読したり、築庭の特色や得た成果など、これらの方法で北京の古典庭園を記録している。

　四　本書は文が含まれ、北京古典庭園建築の概要を説明しておりどれも実例である。

　五　北京古典庭園建築の実例は皇室専属庭園、私立庭園の二つに分かれてある。それぞれ北京の典型的な庭園建築は具体的に論述されており、北京市内や郊外順に並べると共に区別してある。

　六　本書に収録されてある全ての庭園名称や既に公表した文化財保護部門名称は多少相違があるが、円明園や濤府花園、醇親王府花園などを例に現在公表している文化財保護部門名称はそれぞれ円民園遺跡や元輔仁大学、北京宋慶齢の旧居に区別され、庭園を建築する時の性質と現存する保護状況の相違を考慮して、歴史の真実性を尊重するため、説明文に追加されるが、本文中の関連する庭園は草創時の名称に基づいて命名する。

目 次

まえがき……………*i*
北京の庭園……………*5*

皇室専属庭園……………*41*

西苑三海……………*41*
景山……………*62*
頤和園……………*73*
円明園……………*104*

自家庭園……………*132*

恭王府庭園……………*132*
醇親王府庭園……………*142*
涛貝勒府庭園……………*148*
可園……………*154*
馬輝堂庭園……………*160*
蓮園……………*164*
承沢園……………*166*
蔚秀園……………*170*
朗潤園……………*173*
清華園……………*177*
楽家庭園……………*180*
達園……………*187*
呉家庭園……………*190*

あとがき……………*195*

北京の庭園

　中国の築庭歴史は大変古く、世界築庭史で独自の旗印を掲げ、高い名誉を得た。皇室専属庭園を主とする北京庭園と南方の私立庭園は中国庭園の代表と言える。

　北京庭園のほとんどは帝王の宮中の庭園で、皇室の貫禄があると同時に、江南の庭園築庭法を取り入れた。北京庭園は繁栄し隆盛したこともあれば、破壊したり略奪される目に遭ったりすることもあった。しかし、今なお残されているものは、世界庭園の中でも珍品にふさわしい。

一、北京庭園の発展

（一）萌芽期・戦国から隋唐

　北京地区は西周から始まり、春秋戦国時代まで、燕国の領地に属している。『戦国策・燕策』には"燕国は斉国を討伐して、勝利した後に、汶篁という地で薊丘の植を植えた。"と記載されている。燕国アザミの城の庭園も北京地区では最も早い庭園である。この他、記載によると燕国当時北京西南一帯の古城や涿州、易州などの場所は黄金台や碑石宮、テラスなど多くの宮中の庭園を修築した。"台"はすなわち盛り土を積み上げて出来た高台であり、古代の帝王が高台に登り、天の神様に自分の祈りを捧げる場所である。その故、高台を造る風潮が流行っていた。台の上に建てられた高殿の部屋は、神に通じる最も高い場所であり、周りの景色を一望する事ができる。高台の機能は時代とともに発展され、いつの間にか宮殿や宮中の庭園と同一視されるようになった。そして、宮中の代表的な建築物になった。秦の時代、北京ではまだ御苑が修築されていなかった。大葆台西漢墓の出土品の中で、様々な種類の荘園の陶器や荘園内の東屋、高台、櫓、高殿などが発見された。漢の時代の北京

◀法源寺

地区の庭園は非常に盛んであった。

　魏晋十六国北朝時、アザミ城北郊一帯が"燕国の馴染みのある地で、東屋から遠くを見渡すことができる。"その位置は今の蓮花池や玉淵潭、紫竹院一帯にあり、河川や湖が縦横に流れていて景色が美しい場所である。隋の時代アザミ城は北方の軍事上重要な都市となり、幽州と称され、隋煬帝は大業三年（607年）に涿郡と改称した。煬帝はかつて当時著名の建築家で閻毗は、桑干河北側に離宮（現在の大興区）を建造し、臨朔宮と命名した。皇帝行幸する際に休憩する場所であり、中には数多くの宝物がある。隋の時代から北京の寺院専属庭園も発展し始め、有名なものは右の安門辺りにある白馬寺がある。また、隋の僧侶静琬石経を彫るため、房山雲居寺を創建した。姚彬の盗馬廟は現在の天壇の位置にあたる。唐の時代から、涿郡は幽州という名を改めた。貞観十九年（645年）唐の太宗は自ら遼東を遠征した時、行きも帰りも幽州城を通過した。敗戦し、都に帰る途中、この幽州城の東城壁の内側に戦死者の慰霊碑を建てた。慰霊碑の場所は憫忠寺（今の法源寺）を作り、典型的な寺院専属庭園である。唐の半ば頃から藩主制度を導入したため、割拠を取り押さ

え、幽州は北方の軍事上重要な都市となるため、歴代総監(または軍事長官)の地位や権勢はとても大きく、親王は少なからずほかの職も兼任した。権勢を利用して幽州城に豪華な園亭別館を建造し、そのうち名高いのは海子園である。唐時代に寺院庭園が最も盛んであり、記録された庭園はたくさんあり、これらの寺院は釈子の修行する場所だけではなく、同時に文人達の風流な遊び場でもある。

(二)発展期・遼、金

唐末五代以降、遼宋が南北と対峙に局面し、北京地区は終始遼王朝の勢力範囲内にあった。938－1122年、契丹族が遼朝を建立し、幽州を南京に改称し、また燕京と称した。歴史的な地位はもとの北方の軍事上重要な都市が次第に全国の政治の中心と変わっていった。遼時代かつての北京地区に瑶島離宮や瑶池殿、臨永殿を建てた。金朝統治者が燕京の都を治めた後、都を燕京に変え、故宮を建築すると同時に金朝統治者は中都城内に苑囿を建造し始めた。中都城内の苑囿は東、西、南、北四苑を主として、そのうち皇城の西苑が最も重要とされており、西苑に近い宮城は金帝がよく遊ぶ場所であった。西苑はまた西園とも呼ばれる。金中都城の外に湖と沼沢地帯の西湖(現在の蓮花池)を導入し、苑内の湖沼の総称は太液池、池の中の島の総称は瓊華島である。

その他に西苑は同楽園や宮中の瓊林苑などが建築景観に含まれている。また、中都城内に東苑(東園、東明園)や南苑(南園、熙春園)、北苑等の皇室専属庭園、城内にはその他にも小型庭園が建てられた。現在蓮花池は北京市の文化財保護と公布された。金中都の位置と地形の重要実物遺存を研究したからである。

中都城を改築した後、統治者は離宮禁苑を建造に取り掛かった。その中で規模が最も大きかったのは万寧宮だった。中都城の北東郊外にあり、今の北海公園の位置にあたる。万寧宮以外に、都城の付近に数十か所離宮や苑囿を建設した。金章宗の八大水院、現在名称と住所を考証するこ

◀ 蓮花池

とができるのは、即金水院（頤和園内にある）、清水院（大覚寺）、香水院（妙高峰七王墓墳）この三つだけで、他の五ヶ所はなお交渉待ちである。玉泉山の芙蓉殿のように、金章宗御所、香山金代御所と夢感泉、櫻桃溝金章宗観花台、潭柘寺付近の金章宗弾雀所、玉淵潭釣台などは全て金朝皇帝、特に金章宗が好んだ場所である。他に金章宗は明昌時代"燕京八景"も好んだ。北京地区の歴史上で有名な景観でもある。最も早く金朝が参照した『明昌遺事』の中に次ようなな事が書かれてある。平凡な位を占め、真っ白で美しい泉や太液秋風、瓊島春影を垂れて、野薊ドアは雨で飛んでいき、盧溝暁月、西山は雪が積もり、金台夕日の光。

このように、北京庭園建造を初期の基礎として金朝が築き上げ、その他の庭園芸術の特徴はおおよそ"北宋山水宮苑"を踏襲している。

（三）成熟期・元、明

モンゴルは元四年（1267年）まで燕京に都を定め、中都旧城を捨てた。中都城の東北に新しく城を建て、大都と名付けた。城の南北を軸とし前方には宮殿、宮殿の西側には元代が全力を注ぎ建造した庭園がある。

大都城が建造される前、モンゴルの統三年（1262年）、元元祖フビラ

▲フビライ・ハンの像

▲"瀆山大玉海"の玉瓮

▲朱元璋の像

イ・ハンが金朝に中都城の外の離宮を補修し、臨時駐蹕の場所とした。この"離宮"は北東にある金中都の大寧宮で、後に万寧宮と改称され、湖や島、宮殿で構成されている。湖の小さな島は瓊華島で、島の上に広寒殿が建設され、山の中腹には仁智殿があり、瓊華島正面の団城には儀天殿がある。宮城が建てられた後、瓊華島は万歳山と改称され、水は太液池と改称された。山池全体が秦漢以来の海の伝統的な神山を模倣した姿を未だに現わしており、明や清三海の基礎を築き上げた。元の時代万歳山に遺物"瀆山大玉海"玉瓮が広寒殿の中に置いてあり、フビライ・ハンがお酒を貯畜し、その後民間寺院に落ちぶれ、清乾隆の時に、罪を返すとともに団城の玉瓮亭内に飾りを付け、人を魅了させた。元代の皇室専属庭園は発展しているが、規模は大きくない。この時期に城近郊の泉水地帯は権力者と士大夫の私立庭園だと公布し、彼らの庭園造りは次第にそれぞれの王朝を越していった。その中でも有名なのは、漱芳亭、万春園、葫芦套、蓬莱観、松鶴堂、万柳堂などがある。記載によると、漱芳亭が最も早く南方から梅の花を北京に植えるという事を導入した場所である。

明の時代が始まり皇帝朱元璋が"台の苑囲を造るとなると、難民達が遊び場だと思い絶対に造らないと決めた。"と告げた。北京を

都に移した後、皇室専属庭園は大内御苑に建設重点をおいた。御花園は紫禁城の南北を軸とした左側に位置している。永楽十五年（1417年）に建てられ、今まで保留した中で一番古い宮内苑囲である。花苑は南北の長さが90m、東西の広さは130m、平面は長方形の洪水である。他の庭園の特徴は一般的に山や水を主とした皇室専属庭園で明らかに違いがある。まず、庭園の軸の両側に主な建築物と庭園の小さな建築物が分布しており、その他の庭園は形式から分布まで、また左右対称になるようにも構図してある。その中で建築物を命名するのも含む。例えば、金香は玉翠、浮世絵は澄瑞、万春は千秋など、このような整っている構造は、対称的になるように、一般的な庭園建築物の中では比較的に少ないが存在する。御花園はこの形式を採用しており、紫禁城との調和構造するためでもある。それと同時に、山の石や樹木、景色を利用して美しさを引き出し、古代の高水準芸術的な建造園を表した。その次に、建造された年月が長いのは花園である。園内には昔の有名な木が多くあり、少なからず庭園のために彩った。もう一度紫禁城付近に位置する建築物の地区を大きくするため、園内の建築物仍亭、殿、館などを置き、特殊な庭園風格を表した。

　紫禁城の庭内に建てられた少数の庭園を除き、多数は紫禁城のほか、皇城内の地区は皇帝がよく遊びに行く場所である。この時期の皇室専属庭園は万歳山、太液池を主として、同時に全て発展していた。当時太液池は南に向かって開拓し発展させ、北海、中海、南海の三海一貫の水域となった。新しく建てた紫禁城の南北基準に相応しく、紫禁城の西部に水面の防壁ができ、三海沿岸と島の上にたくさんの御殿が建てられた。西苑と称され、紫禁城とのたった一つの仕切りで構造された。

　明の時代、皇室専属庭園の中には東苑と南苑があった。北京城の南に位置する場所に南苑があり、旧南海子、遼、金以来、皇帝はよく狩猟を行い、演武パレード活動を開催した。いわゆる"話武は、春に獲物を探し冬に狩る"。元の時代、大都城との距離が役20mあり、以前の名は"馬

▲御花園の蓮理柏

▲御花園の千秋亭

▲碧雲寺の水泉院

から降りたら素早く岸につける"であった。永楽十二年（1414年）拡張を行い、周辺に丈の高い土壁を造り、北大紅門、南大紅門、東紅門、西紅門、四つの海子門を建造した。後に次々と廡殿行宮や新、旧役所督官署が建設された。明朝時代、"海戸"に1600人もおらず、育てることを任され、苑内で卑怯な行為をする人を管理した。この中は地勢が低く、沼が一面に広がり、水草や林の草木が生い茂り、数えきれないほど鹿やキジ、兎、羊が繁殖している。"南囿秋風"は著名な燕京の景色の一つである。

北京を都に移した後、政治中心の北上と共に、北京は次第に北方において仏教の中心となった。建築物は年月と共に次第に増えてゆき、庭園発展を促進した。北京の西北郊外は元の時代からすでに公共観光地の名所地となり、景色が美しく泉が満ち溢れている。明の時代に西山や香山、瓮山、西湖一帯で大量に仏教寺院を建設し、北西郊外の風景は今までで一番規模が大きい開拓を行った。これらの寺院は、皇帝の親戚や、貴族、宦官が庭園を建設するために寄付をし、ほとんどの寺院は素晴らしい庭園、もしくは緑が豊富で有名な香山寺、碧雲寺がある。

明の時代祭祀が庭園の中で最も規模が大きいのは明十三陵で、長陵、献陵、景陵、

裕陵、茂陵、泰陵、康陵、永陵、昭陵、定陵、慶陵、徳陵、思陵がある。この中に明の時代の第13代の皇帝が埋葬されており、長陵が最大規模である。中には永楽皇帝朱棣と皇后の徐氏二人が埋葬されている。十三陵の陵園範囲は40km以上あり、山や川の地勢によって、境界を作るため一周の大きな壁を建設した。そこは山水や景色が美しく、建築物の秩序が均等に分布され、全体の計画が入念である。また、明の時代城の近郊区の範囲内に多くの官僚や士大夫達が府第中庭を建設した。著名なのは定国公園、英国公新園、李皇親の釣魚台、恵安伯園、勺園、湛園、梁夢龍園、李園（清華園）などがある。

（四）輝煌期・清時代

清の時代は北京が全国古典庭園文化発展の最盛期の時期で、どこまでも精進し続ける庭園造りは大規模な庭園建造と芸術とが結合し、皇室専属庭園は膨大な勢いで明らかに変わった。皇帝がよく外出するので、皇室専属庭園は北方の伝統的な風格で、江南の私立庭園の美と構造に印象を受け、沢山の美しい庭園が出現し、清宮廷は仏教文化を重視した。皇室専属庭園の建造は、異なる風格の仏教建築が出現し、より豊富になった。

◀十三陵の定陵

▲乾隆の像

▲ 北海の静心斎

　清の王朝は都を北京に決めた後、皇室専属庭園の建設を終始中断しなかった。満州族の狩猟文化を受け、長い間宮城に住むことを嫌う皇帝は、風景が美しい場所を探し求めていた。順治帝はよく南苑と皇城の西苑に住んでいた。康熙、雍正と乾隆の祖父母と孫の三代で、130年前後に北京西北郊外の自然な山水地勢を利用して、相次いで規模が大きな"三山五園"が建造された。皇室専属庭園地区は、皇帝が長期間住み、政治活動を行う離宮御苑・圓明園、暢春園；皇帝の短期駐蹕し遊覧する行宮御苑——静明園（玉泉山）、静宜園（香山）、清漪園（万寿山）。康熙帝が即位した後、康熙十九年（1680年）に玉泉山南麓を行宮と改名し、"澄心園"と名付けた。清朝は北京北西郊外に初めての水景が美しい皇室専属庭園を建造した。当時康熙帝はよくここでモンゴルの各首領とチベット族の宗教指導者を招待したが、澄心園の規模は小さかった。康熙二十三年（1684年）、明の時代に清華園の旧跡に暢春園を建設した。北京の西郊外は初めて皇帝が長期滞在する離宮となった。同時に周囲にそ

▲西山の名所図

れぞれの皇子と寵臣に寵園を建造した。例えば、圓明園や自得園など。雍正帝が即位した後、雍正三年（1725年）に圓明園は離宮となり、大規模な建設が始まった。面積は300㎡から拡大して3000㎡になり、"圓明園二十八景"と命名した。乾隆帝が即位した後、さらに大規模な庭園建設が始まった。乾隆二年（1737年）に圓明園二十八景を建設して四十景になり、十年（1745年）には長春園を建設し、静宜園二十八景を建造した。

　十四年（1749年）には乾隆帝が母の誕生祝いのために、瓮山（万寿山）に清漪園を建設し、乾隆二十九年（1764年）に完成した。同じ時期に、皇太后が住んでいる暢春園を改修、また西部にある西花園を増築し、皇子が勉強し住むための場所とした。乾隆十五年（1750年）、玉泉山に静明園（元の澄心園）を増築し、十六景を建設した。乾隆二十四年（1759年）に建て終え、翌年に長春園の北部に西洋楼を完成させた。乾隆三十四年（1769年）に圓明園の東南に皇子と皇女の賜園を取り戻し、綺春園と命名した。"三山五園"事業は全て終了し、この五つの皇室専属庭園は、水や木が美しく、楼閣が精巧であり、中国建築史と庭園史の中で最高位

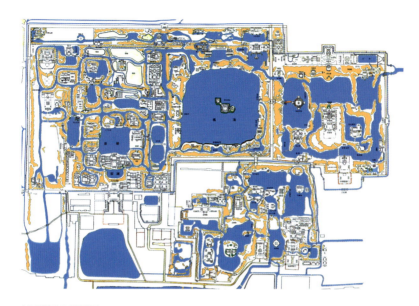

▲圓明園の平面図

であった。

　"三山五園"の中で、圓明園の面積が最も大きく、"万園の園""東方ベルサイユ宮殿"の名で、気迫が大きく、庭園建設の芸術性が高く、世界の庭園史の中で極めて珍しい。圓明園は長春園、綺春園と圓明園は総称である。敷地は全部で350万㎡。雍正、乾隆、嘉慶、道光、咸豊の五朝皇帝で、毎年おおよその時間を日々の生活を楽しむことに費やし、それと同時に朝会を行い、政務を処理した。紫禁城共通の構成で当時の封建統治の中心であり、皇帝に"御園"と呼ばれている。

　圓明園が全盛期の頃規模が非常に壮大で、全ての園は108ヶ所もあり、殿、堂、楼、閣、館、亭、台、軒などがある。総面積は20万㎡あり、紫禁城の全ての面積を比べると四万㎡余り多い。中国南北の多くの有名な庭園の移植だけでなく、優秀な建造芸術が存続し発展し続けてい

▲西洋楼の銅板図・遠海観の正面

る。また、西方の造景の概念を導入し、直接西洋建築と風物を園中に配置したり、中国と西洋の折衷の風物を結合したり、清の帝王が心から感服し、外国人も驚いた。

　フランス宣教師の王致誠は親友に手紙を書き、その文章には"設計と工事はみんなそうであるように、全てがとても偉大で美ししい。今までに何も見たことがないようで、驚いた。……中国建築の形式は多様で変化が無限であり、私は彼らの才能と知恵にとても感心した。"と書かれてあり、フランスの文豪ユゴーは1861年に"人の心を惹かせる場所、月宮城も同じ建築物で、人を堪能する最高傑作だ。"とコメントしている。

　"三山五園"の一つである静明園は北京西北郊外の玉泉山に位置しており、長い歴史や芸術、科学価値の皇室専属庭園式建築物である。玉泉山の南北に向かうと、奥行き1300ｍ、東西の最も広いところでは450ｍ、

▲遠海観、大水法遺跡の現状

▲遠海観、大水法遺跡の現状の一部

標高100m、地面から50m高く、山の中の泉は満ち足りているため玉泉山と名付けられた。山の中の最も大きな泉は西南の山のふもとにある為、玉泉池と名付けられた。泉の水は石の穴の中から湧き出ている。"玉泉垂虹"は、金元以来の燕京八景のうちの一つである。清の乾隆の時代、済南の趵突泉は"玉泉趵突"と改称した。金章宗は明昌元年（1190年）に"金河"を開拓した。玉泉山の泉の水を東南の方向にし、高梁の河に源があり、瓊華島附近の湖に満ちている。玉泉山に"芙蓉殿"が建てられ、"玉泉行宮"と称された。元の時代に金河の道路を修理し、充分に玉泉山の水を利用し、泉の水が大都城内に流れ、宮廷の専用水源として扱われた。明の時代、都を北京にした後、玉泉山の寺院と庭園の建設は繁栄し始めた。正統の年間、明の英宗の命令で下華厳寺を建て、嘉靖二十九年（1550年）オイラート軍に焼却された。

　清康熙十九年（1680年）に清政府が玉泉山を皇家行宮に建て替え、名を"澄心園"とし、康熙三十一年（1692年）に"静明園"と改名した。乾隆十五年（1750年）に静明園の大規模拡張を行い、玉泉山及び山のふもとの河湖区域全域とした。乾隆十八年（1753年）に立て終え、総理大臣の役所を置き清漪や静宜、静明の三つの園の事務を管理し、"静明園十六景"と名付けた。乾隆二十四年（1759年）に全部建て終えた。乾隆五十七年（1792年）に全ての園に大規模な修理を行い、これが玉

▲蓬島瑤台の冬景色

泉山建設の最盛期であった。咸豊十年（1860 年）に、静明園がアメリカとフランスの連合軍に遭い、沢山の建築物が焼却された。

　静明園の全盛期の頃、園内には合わせて 30 ほどの建築物があった。その中のいくつかの寺院、宮廷性質の三つと、余りの庭園建築、山の上の四つの異なる形式の寺塔は、外国人に塔山と呼ばれていた。静明園は南北長さ 1350 m、東西広さ 590 m、面積約 65ha、山の景色が主で、水の景色は補佐である。全園の景色は南山地区、東山地区、西山地区に分けることができる。南山地区は精華な場所であり、宮廷区があり、玉泉湖及び一連の観光地がある。

　静明園は山の形を充分に利用し、水面が特徴的に建造された中国古典庭園の優秀な作品である。園内の建築は全て行宮の建築形式な建造で、宮殿式建築の恭しく厳粛な、庭園式建築の敏活がよく変わるなど、これは庭園建築史上で最も成功した模範である。

　同じく"三山五園"の一つ静宜園は北京西郊外の香山に位置している。

▲慈禧の像

記載によると、遼時代の阿勒弥（または作阿里吉）が仏寺を建設し、遼末に皇帝のために耶律淳は死んだ後葬香山で、年号が永安陵となった。香山から金代に大きな開拓が始まり、金世宗は大定二十六年（1186年）三月に大永安寺を建てた。行宮を建てた後、章宗はまた会景楼を増建し、世宗と章宗の臨幸の地となった。元、明時代に引き続き建築し、徐々に拡大している。清康熙十六年（1677年）に行宮を建て始め"香山宮"と名付けた。乾隆十年から十一年（1745－1746年）香山寺の修繕をすると同時に、土木工事を盛んにし、亭台楼閣を建造した。"旧行宮の基"は二十八景も増建し、規模が大きく華やかな皇室苑囿で、"静宜園"と名付けた。他の庭園は合わせて"三山五園"と呼ぶ。当時園の壁は内と外に分けられ、内壁は二十ヶ所：勤政殿、麗瞩楼、緑雲舫、虚朗斎、瓔珞岩、翠微亭、青未了、馴鹿坡、蟾蜍峰、栖雲楼、知楽濠、香山寺、听法松、来青軒、唳霜皋、香岩室、霞標磴、玉乳泉、絢秋林、雨香館があり、外壁は八ヶ所：晞陽阿、芙蓉坪、香霧窟、栖月岩、重翠崦、玉華岫、森玉笏、隔雲鐘がある。これらの観光地は組み合わさってできたまたは単体の建築で、咸豊十年（1860年）、光緒二十六年（1900年）に二度アメリカとフランスの連合軍に遭い、八ヶ国連合軍は滅ぼされ、都はなくなり、現存している部分が遺跡となっている。外壁は北、他に別の壁があり、昭廟、正凝堂、暢風楼などの建築物がある。

"三山五園"の中の清漪園（現在の頤和園）は、乾隆十五年（1750年）に母の誕生日を祝うため庭園建設を始め、二度の大規模な修理を経験した。存在する規模は大きく、皇室専属庭園を最高な状態で保存する事は完璧である。頤和園は北方の山川が広々としていて地勢があり、また、

▲頤和園の昆明湖と万寿山

　江南の水が美しい。297haの範囲内で、歴代庭園の伝統的な芸術を受け継ぎ、多くの優れたものを広める事は庭園建造の長所であり、壮大で高くそびえ立つ万寿山や水が広々としている昆明湖がある。規模が大きい古代の建築物、素晴らしい物が数多くある庭園傑作及び文化遺産所蔵品、古代の中国は人と自然が調和し哲学思想や、美学の概念または工芸の造詣を解釈し、中国古代の皇室宮廷に居住し、遊覧し、国を治め、心を休めるなど、生活環境の物質と精神を示した。頤和園内に、中国庭園の中で最も長い橋十七孔橋があり、中国古代建築の中で最も大きい亭廊如亭があり、中国庭園の中で最も長いつなぎ廊下があり、中国庭園の中で最も大きな船をかたどった石造りの建築物清晏舫があり、中国庭園の中で最も大きな舞台徳和園大戯楼がある。……清漪園の山水や建築などは庭園建設の設計計画と容貌は綺麗に今まで保存してあり、中国の南北各地の庭園芸術は何千年来の傑作であり、後世のため庭園芸術の永久で偉大

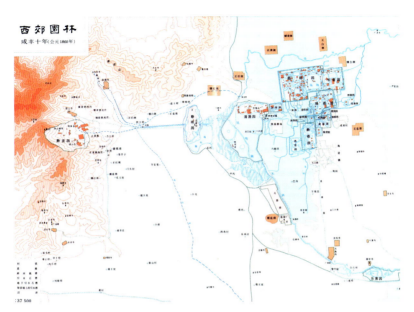
▲北京西郊外の庭園(『北京歴史地図集』より)

な功績を樹立した。

　"三山五園"以外、西北郊外にまだ沢山の皇子寵臣の賜園、同時に、"三山五園"は統治者を形成した。圓明園が中心の郊外朝廷、文武大臣は毎朝朝廷で政務をとるのに便利なため、次から次へと郊外に建築または屋敷を貸し出し、西北郊外の私立庭園の繁栄を促進した。この区域内には、西花園、熙春園、鏡春園、淑春園、鳴鶴園、朗潤園、蔚秀園、承沢園、弘雅園、澄懐園、自得園、含芳園、墨爾根園、誠親王園、康親王園、寿恩公主園、礼王園など90余りの皇親国戚が分布しており、王公大臣の賜園及び庭園、庭園が連綿と続き、草木が盛んに生い茂り壮観である。

　"三山五園"を建設すると同時に、紫禁城内の花園も大規模な修理を行い、寧寿宮の花園、福宮花園、慈寧宮花園も建設した。寧寿宮花園は

紫禁城の東部に位置しており、寧寿宮は建築物の西北部にあり、乾隆三十七年（1772年）の時に建て始めた。乾隆帝の60の誕生日を祝うため建築し、昔"乾隆花園"と称された。乾隆四十一年（1776年）に花園を建て終えた。乾隆は花園の平面を南北に長く、東西に狭い長方形に構成し、面積は6400㎡、しかし、その土地の状況に応じた方法を用い、宮中の地形を無駄なく利用し、20以上の建築を配置した。その中で、亭台楼閣は巧みに配置されて味わいがあり、敏活で変化が多く、さらに各種建築設計は巧妙であり、造形は精巧で美しい。築山畳石を織り込み、大量の青松を植え、庭園の景色は変化に富んでおり、美しく多彩である。乾隆帝は花園を乾隆帝の江南後の最高傑作とし、園内には多くの南方の私立庭園の特徴を取り入れ、宮苑の江南文人の庭園境地とした。

　その他に、清政府はまた次々と紫禁城の北景山五峰に五亭を増建した。北海闌福寺、万仏楼、中海紫光閣、南海宝月楼など、西苑"三海"の中で増建、修繕した。

　乾隆の年代、南苑に一度大規模な拡張を行った。一部分を除き増築、修理した他、苑の壁を土で建てる磚壁に変え、苑内に精巧な庭園を新しく建てたのが団河行宮である。南苑の建設は、この時が全盛期であった。

　嘉慶以降、清朝の国力はますます衰退し、さらに新しく庭園を増建する力が無くなり、中国の封建社会の最後の繁栄段階は既に終了し、北京の庭園建設は衰退し始めた。道光帝の年代、清朝は"国は日に日に貧困になり、農民は日に日に弱くなる"という現象が現れたが、昔と変わらず綺春園を拡張し、一部の圓明園を修繕した。咸豊十年（1860年）にはアメリカとイギリスの連軍が北京に迫り、建造して百年余りの圓明園と清漪園を焼却し、静明園も奪略され、清の時代の皇室専属庭園は大部分が損失した。同治の年代に新しく圓明園を建てる計画を立て、周辺付近の庭園の中で使える建築材料を残したが、酷く貧しいため放置せざるを得なかった。光緒十四年（1888年）に、慈禧が海軍の軍費を私用し、清漪園の前の山部分を修築し、頤和園と名称した。光緒二十六年（1900

▲団河行宮

年）に、八国連軍が北京を占領し、圓明園、頤和園はまた焼却し略奪され、大量の高級な文化遺産が失われた。

　皇室専属庭園を除き、都にはまだ多くの皇族の豪邸がある。皇室の係は大きくなった後、一つの皇族の豪邸を分封し、これらの皇族の豪邸は庁堂楼閣の外に建造されているものを除き、また花園を修築した。北京の明の時代以前の皇族の豪邸の都を隠滅または改築し、今日まで残ったいくつかの私立庭園は、清の時代の皇族の豪邸の花園もしくは皇室の別荘である。そのうち皇族の豪邸の花園が代表である。恭王府は清の時代の道光帝の第六恭親王の奕訢の園であり、花園の中で亭台楼閣を除き、最も人を惹きつけるのは三つの池である。最も大きい池は"詩画船"で龍の目を描いたように見え、山水の建築が穏やかになった。池は後海より、恭王府花園の後ろを流れ南の方向に向かって什刹海に流れる。このような豪華で気楽な住まいの中で築山畳秀や澄んだ水が流れ、草木が鮮

▲景山の五亭

やかな緑色で、亭台楼閣の華やかで美しい姿が、車馬の賓客が応接に暇がなく、"帝都"になり独特な観光地となった。

　総合して北京庭園の発展史は、北京の伝統的な庭園の中で、代表性があり、最も傑作なのは大規模な皇室専属庭園で、禁城を中心に宮苑や北西郊外にある頤和園、圓明園が中心となり分布され、"三山五園"と呼ばれている。この二つの区域を引き立たせ、その間にまた自然から人文の歴史文化遺物まで含んでいる。同時に、独特な人文や芸術特徴は皇室の風格と古典文化の芸術的な体現を強く表現したものである。

二、北京庭園の人文の特色

　皇室専属庭園は北京庭園の代表であり、3000年以上発展をし続け、おっとりとしていて美しく、景色が様々に変化し壮観であり、気迫がある。萌芽、発展、成熟、輝煌の全ての過程は、終始自然の背景と人文の

背景の制約が離脱出来ない影響がある。経済、政治、意識形態などの影響のもと皇室専属庭園は、中国伝統の文化儒、釈、道の三つに深く影響を受けた。他の伝統哲学の主な思想も北京古典庭園の中にしみ込んだ。
　儒家は"仁"を根本に、"礼"を中心に、封建社会の意識形態の正統、古典庭園の中に自然生態の美しさと人文の生態の美しさが表されている。例えば、精巧で美しい庭園の住まいが優雅で、恬淡で世間を避け隠れて住む文人は皇室文化の中で、天下の伝統的な儒学の概念を反映した。他の思想は築山や理水上を重視していて、さらに庭園建設の多くの要素は終始維持され、庭園全体が調和された状態にある。すなわち仏家は、仏教及び仏学を含み、多くの宗教の中で、中国化の程度が最も深い禅宗思想で皇室専属庭園の創作の上で、"意"を更に強調し、更に創作構想の主観性と束縛のない自由を追求した。道家は自然の天道観を趣旨とし、自然の美しさを中心とした美学思想を発展し、これらの思想を"元の状態に戻り自由自在の生活を過ごす""小国寡民"の結合で、淡泊な心理状態の特徴だった。道家は古典庭園の建設の決心に影響し反映され、構想中に、叠山の水の庭園計画を通し山嵌水の関係を表現した。また、北京皇室専属庭園の中で神仙境界の模範に関係する及び様々な仙苑模式は道家に反映し、古典庭園建設芸術が浸透した。儒、釈、道は中国伝統の意識形態の重要要素の構成となり、その中で、"天人合一"の思想は古典庭園の重大な影響と発展し、深い人文を表している。
　中国古代の宣教師と自然の調和統一、"天人合一"の理論をあげ、天人合一の最高の理想であり、自然と人の精神状態を体験し、中国伝統文化精神の中心となった。また、異なる時期に古人は"天"の認識は不一致で、殷の時期の"天"は自然の神だと指し、春秋戦国時代の"天"はすでに神が自然界の青い空を渡ったと指し、宋明の時は、主義思想家の"気"は、物質世界の全体を指し、主義思想家の"理"は、最高原理と理念を指している。それ以外に、古人の"天人合一"思想主旨は同じわけではない。秦の時期、道家は自然の人生境界を追求し、利欲概念と人の

▲頤和園の耕織図

天性と本性の絞め殺しを反対し、前漢の董仲舒は天を万事万物の元祖で、人の全ての秩序は天からだと思い込んでいた。魏晋南北朝の時期、王弼は"自然"を根本だと思い、全てにおいて自然に対して強制してはならなく、元の自然をありのままに順応する術しかない。明の時は、"天人合一"の思想主旨はすでに宇宙と道徳の統一問題に変わり、朱熹は道理を当然の道理だと考え、人の根本、万物の根本でもある。共通の道理を受け継ぎ、だからこそ仙人や人物と通じ合うことができる。つまり、"天人合一"思想は、人生の天と地がある中で、存在するすべてのものに関係なく、宇宙の不可欠な組織部分だと思い込んでいた。人は必ず順応規律で、自然な道徳と人の道徳の統一を追求すべきである。"天人合一"の精神は中国古代文化の思想史を超えて、中国古代文化のそれぞれの領域や古典庭園文化に浸透している。

　"天人合一"の思想は庭園建設理念や庭園の場所選択及び配置、建築、山水、植物などを極力追求し、自然の美しさを表し、模山範水は庭園建

▲頤和園の諧趣園の緑化

▲頤和園の耕織図の桂花

設芸術の最も大きな特徴になった。

(一) 庭園建設の理念

"天人合一"思想の根本な意味は自然の"外に適している"で、心と身体が健康になるように"内"、人生の最も根本的な理想を享受するためである。古代の庭園建設思想の影響のもと、主観的な興味や気持ち、技巧の趣味、文学趣味は、湖の光や山の色などの自然と彫刻や画家の人一体であり、庭園の眺め、遊び、住む場所などは人が充分に大自然の不思議な場所を味わい、庭園の観光地を設計し、植物を植えて"天人合一"の思想理念を表現した。

(二) 庭園の土地選定

北京地区は広大な華北平原で、三つの山に囲まれ、地勢は平坦で広く、河川を利用し、湖は南方より少なく、湖や水源、水量の制限は北京庭園の制約するためである。天人合一"思想の影響のもと、新しく理想的な

生活環境の建築物を建てようとした。庭園建設者が理想的な形式で、胸に深い見識を持ち建てたのは、後の庭園の原型だった。北京の西北郊外の庭園の例で、庭園の原型は郊外の自然な山水と植物で、そこの自然環境は美しく、地域が広大で、水や山があり風景が美しい。設計当初は豊富な自然水源の条件を充分利用し、小型の私立庭園を設計するか、大型の皇室専属庭園を計画するかに関係なく、水の利用は最上級の開拓に辿り着き、庭園は"天全"を領収する効果を達成した。例えば、頤和園の天然山水の美しい景色を利用した。圓明園は大きな自然水面がなく、湖や山、植物の緑化などが均等に構成されており、人の意志を表現している。静明園と静宜園は地下の泉の水が著しく高い位置にあり、青い山青く澄んだ水は調和した。王親貴族の私立庭園はあるところは平地の庭園だけしか建てられず、庭園の水面は大きくなく、水も充分に作った。

（三）山石や植物の配置

庭園は自然を尊重し、庭園の背景は山水を主とした、その他の観光地は山水を囲んだ所に分布されており、山石と植物は庭園の中の最も美しい観光地とも言え、その場所を引き立たせてくれる建築とも言える。庭園は生命のリズムや季節の変化をもたらし、庭園建設の重要不可欠な要素で、庭園の中で重大な構想作用をもたらした。山や石、水、植物など庭園の風格や境地を合わせてでき、庭園建設の"天人合一"思想の指示のもとで大自然を濃縮した後で芸術構想を表した。

昔から今、人々は山石に対して特殊な好みをいだき、"山は人に大昔の事を思い出させ、水は人に遠い先の方を見せ、石は人の心を落ち着かせる"という言い伝えがあり、山石は人間化の特徴を与え、それと同時に、自然で美しい生活を追求するため、人々は"その筋肉や骨を疲れさせ、その身体や皮膚を痛める"と思いたくなく、庭園で叠山の石を置き、芸術加工をし、情操を統治し、人々は無限の精神を享受した。山石は静物を表した観賞庭園だが、動きがあり、動態は活力を表している。庭園

は叠石堆山の創造境地で、寓意人生の哲理で、人が環境の中で積極的な精神動力向上を感じることができ、庭園の内包が豊富になり、人文作用が積極的になった。

植物はこの世界で必要不可欠なものであり、庭園に納め、庭園の植物観光地及び庭園全体を宇宙まで融合し、この世界の自然の中に融合してゆく。これは最も高尚で美しく、中国古典庭園の特徴を表した。自然を尊重し、自然を模範とする。

庭園建設者から見ると、植物には感情や生まれ変わりがあり、帝王の権利を反映させるため、等級をはっきりする特徴や、厳かな雰囲気を表し、庭園が力強くそびえ立っていて、深く伝統的な木の種類である。円明園が例として挙げられるように、園内は木と草花の配置方法にこだわりがある。最も大きな特徴は風景が異なっていることで、それぞれが特色を持っている。

圓明園の木は青松で、青竹と柳の木が中心に、銀杏や木蓮、山桃、紅葉などがあり、草花は牡丹、蓮花、梅の花、木犀、芍薬など、他には沢山の盆栽の木と草花があり、棕櫚、蘇鉄、栢、夾竹桃、柘榴などがある。植物の配置選択は美しさを反映してはならず、性格の特徴性と空間の特徴性があり、自然を融合し、"天人合一"の効果を実現した。

▲頤和園・楽寿堂の太湖石

三、北京庭園の芸術特色

　北京は遼、金、元、明、清の五朝の古代の都で、都城は西安と洛陽などに建てられ、古代の都の集大成で、文化的な特徴は南北に伝承され、規模の大きい皇室専属庭園を完璧な風格に建築し、庭園建設の手段は多様である。総合的に北京庭園の建造過程は、皇室専属庭園の重要な位置を占め、全体の分布から関係なく、建築設計は内容形式からとても価値が高く、巧みで完璧である庭園建設芸術は中国庭園建設史で偏った代表性がある。

　（一）庭園の分布
　北京皇室専属庭園の分布を見ると、軸線が対称で、一池三山の庭園建設の原則を発見することができ、風景、倣景、縮景、障景、隔景などの庭園建設法を利用し、儒、道、釈の思想が庭園に浸透し現れた。
　前王朝の時代の後、庭園の後園式に分布され、二つの方面で庭園の主要性を表した。一つ目は庭園と宅の関係上宮殿は、住宅の後部または横にある。故宮の御花園、景山、寧寿宮の花園（乾隆の花園）、慈寧宮の花園は全て後部にある。二つ目は遊覧と住居の関係上、住居は前にあり、遊覧は後方にある。頤和園の宮殿は東方面の入り口にある。これらの分布は儒家の"天下の憂いを誰よりも先に心配し、天下の楽なことを皆さんより後に味わう"の観点と一致している。
　軸線を挟んで対称的なのは、北京の明と清の時代に残した庭園の最も明らかな特徴である。皇室専属庭園、私立庭園、寺院庭園は皆同じで、軸線の対象程度が少し違うだけである。庭園の軸線は宮殿や住宅と一致していて、軸線の延長である。中軸線は最も重要な大門、庁堂、宮殿、歩道、池があり、その中で頤和園の軸線が最も壮観で、昆明湖から始まり南湖島まで、万寿山の牌楼、排雲殿、仏香閣、須弥霊境、牌楼、石拱

▲北海瓊華島の景色

橋、北大門、島と山から見渡す事ができ、気象が異なり、天皇の権利の思想を表した。慈寧宮の花園、楽家の花園、恭王府花園、景山は全て一つの軸線で、いくつかの庭園はいくつも軸線がある。御花園には中、東、西の三軸があり、建福宮の花園には東と西の二軸があり、圓明園は複合軸でできている。

　庭園分布は軸線があり、また対称である。皇室専属庭園で、頤和園の万寿山の建築が対称の重要性を表し、圓明園の福海の西湖十景が対称の表れで、九州清晏の環湖九景で、西洋楼の観光地である。故宮四園の景山は全て厳格に対称で、恭王府の花園、楽家の花園などはすべて異なる。儒家の文臣武衛などの概念が直接的に関係している。

　一池三山は庭園の一種の伝統的な模式であり、最も早く現れたのは前漢に建てられた章宮の太液池である。中国古代の道家の神話の言い伝えで、東方の海には三つの島、名蓬莱、方丈、瀛洲がある。当時の帝王の

▲圓明園・金魚池
▼圓明園・金魚池の一部分

都は仙人の迷信で、老いずに長生きできるように祈り求め、御苑内で池を掘り開き、三つの島は東海三神山の象徴となった。北京庭園の一池三山は皇室専属庭園を主に表している。金、元、明、清の四朝で西苑三海の創作で、西苑三海は庭園の一海一山である。南北一線の平面分布で、一池三山の制度となった。その中で、北海庭園は中国古代の蓬莱神話の精神世界を鮮明に反映した。秦漢以来の人々たちが仙人の宮苑の浪漫主義を追求するため受け継ぎ、"自然を模範し、自然を造る"の最高芸術境界に辿り着いた。琼島が中心の観光地で、広大な水面、青い空は全景と背景を創り出し、広々と分布している。

主な観光地以外に、景山と三海周囲の建築物がある。他に頤和園の湖に三つの島があり、中国の皇室専属庭園を2000年多く継続した"神山仙島"の伝統な修築模式を完璧に再現した。"一池三山"思想は私立庭園と寺院庭園を利用し、一池一山や一池二山または一池多山など常に変化する。

園内や園外の全ての視力範囲内の最も良い方式から自分の中の描いている中まで風景である。明の時代の庭園設計は『園冶』の中に書いてある通り、"地勢の高さにより、形が決まり、邪魔な木を排除し、泉流石柱が互いに資源を借りている。"頤和園は西山の外から入園し、"限りない空間があり、庭園の建造が自然である。"と感じ、中国古代庭園は最も素晴らしい観光地である。

倣景は原形を模範した。北京皇室専属庭園は私立庭園の兼ね備えてある環境と人力、物力基礎があり、"美しい景色を自分のものにしたい"思想指導のもと、江南の風景は精製と再創造され名所となり、常に建築は素晴らしい持ち味がある。清の時代康熙帝は、乾隆は南を多く視察し、南方の優雅で美しい山水庭園の影響を受けた。北京皇室専属庭園はさらに模範し、広大で美しい皇室専属庭園は、庭園建築と江南の有名な庭園を模範し、自然な順応が現れた。乾隆帝は江南の庭園を手本とし、"少しその意味を理解すれば良い。その自然さに従えば良い、自分の長所を

▲頤和園の蘇州街

捨てないように保つこと。"と評価した。神を求め形式にこだわらず、北方の貴重な芸術創造を建てた。圓明園の"平らで広大"な風景は、杭州西湖の"玉泉観魚"の自然で悠々とした景色を再現している。頤和園の昆明湖の"西堤六橋"は杭州の蘇堤の六橋に倣って建てられた。頤和園の万寿山の中部に、中国のチベット族の古い寺院建造を模倣し、湖の後方の中心は江南の水の市街建造の売買街を模倣し、東北部は无錫の寄暢園を模範し、諧趣園を建設した。この様な江南庭園は北京に再度出現し、模倣する事は簡単ではなく、北京の自然条件を結合し、北方の材料を使用し、北方の観賞習慣の芸術再創造に適応した。また、統治者は全国各地の腕利き職人建設の苑囲を惜しまず、素朴で広大な皇室の風格が現れた。これは南方の私立庭園と比べられず、頤和園を建設する時に、

この唯一徹底している強みを発揮した。障景、隔景は庭園の伝統的な造景手法である。障景はまた、抑景と呼び、視線を隔て、空間の方向転換を遮る役割がある。土や山を使い、叠石は山障と呼ばれ、木を使い視線を隔てるものを樹障と呼び、曲院の遮りを通して、空間を導くものを曲障と呼ぶ。北京庭園の入口は障景としてよく表門の中にある隠し壁が使われている。例えば、皇室専属庭園の北海の九龍壁や私立庭園のレンガの隠し壁、その他に庭園の入り口によく立石峰や小さな院などがある。隔景は庭園の変化や丘の運用、小川、樹林の茂みなどをもたらし、自然風景及び粉壁、漏窓、遊廊、石橋、假山などの建築があり、庭園の異なる空間を分割する。頤和園は廊下、粉壁、花窓、石橋などの多くの形式を充分に利用し、隔景の効果は徹底していて余すところがない。

　(二) 設計要素
　1. 建築構造
　北京庭園の建築構造はその他の建築を除き建築規格、等級と関係があり、更に自然環境との関係が親密である。皇室専属庭園はおおよそ硬山、懸山、歇山、攢尖、盝頂、重檐などの屋根形式を採用しており、銅制の金のメッキを使った宝頂で、屋根の多くは黄、緑、青色の瑠璃瓦で覆われていて、壁の色はほぼ赤と黄色で、派手で美しい。また、北京の冬は寒いという気候の特徴を考慮し、防寒対策は建築の最も主要な機能の一つで、室内の熱の流失を減少するため、建築の屋根は全て厚い檐と吊り天井を使用している。屋根の裏に張る板に土を何層にもして厚くし、厚い壁は小さい窓を開けた。冬に雪が積もるのに対応するため、建築は骨組みには全て太めなものを使い、短い檐の作法を採取した　。これらの建築設計は北京皇室専属庭園の建築芸術特色を鮮明に反映した。
　2. 建築小品
　庭園は建築や、山水、植物と一体化して融合し、造園者は北方の建築伝統風格の基礎を保ちつつ、江南の庭園の造園方法を参考にし、亭廊榭

▲醇親王府花園の箑亭

▲恭王府花園の妙香亭

船、楼台橋架などの建築小品を大量に用い、空間を合理的に利用し、各所に配置した。また人々の生活を満足させるため、人々の精神要求を満足させるため、伝統的な美学概念を表した。

3. 叠山の置石

庭園の設計上、北京庭園は特別な嵩山性の芸術法を含んでいる。

まず、北京庭園の叠山の置石は、庭園の山が広大で高く美しく、山の面積は大きく、高さも高い。これは、清の時代に皇室及び貴族の権力が大きく、財力及び人力で建てられたからである。例えば、圓明園には計250もの山があり、その中でも土でできたものや、人工でできた假山の叠石もある。一般の高さは七、八ｍで、最も高い紫碧山や房假山でも15ｍほどしかない。山は人工で積み重なってできていて、大量の大自然を模倣したが、生き生きとした感じが見られなかった。次に、庭園を環境の主な観光地の一部分とするため、北京庭園は少なからず山石を飾った。例えば、恭王府花園の"独楽峰"は、隔てる作用があり、また

▲恭王府花園の"独楽峰"　▲恭王府花園の滴翠岩

独峰の風景の味わいがある。庭園の環境の主な観光地の一部分で、圧倒的な勢いがあり、その他周囲の名所の配置は置石を引き立たせる作用がある。最後に、畳山の置石は庭園空間設計中に分離、交互に行う、繋がり、及び誘導する作用が起きた。例えば、山石が水面の空間で分離し、景色を一望する事ができず、水面の景色が豊富で、深さと構成が増加した。

　庭園山石の選出は、古来の奇峰を孤独に観賞し、追求"透ける、漏れる、痩せる、しわ、酷い"を追求した。明代末期"石堪で積み上げられ、山を採取できる"と"近無図遠"の主張を上げた。これらは創造の場所の思想や石を選択することの限界性を突破し、山を切り開く材料をとるため、新しい道を開拓した。北京庭園の使用する材料が多いのは、太湖石に近い房山石であり、また北太湖石と呼ぶ。北京の房山が、採掘から輸送までどれも便利である。また、北京皇室専属庭園は皇室や貴族の豊

富な財力を手に入れ、南方から庭園の最も寵愛を受ける太湖石を輸送するのを惜しまない。このことから、北京庭園は石材の多様性も景色の観賞性が昇進した。

4. 地面の舗装

北京皇室専属庭園の舗装は十分に研究されてある。大部分は角レンガで地面を敷き詰め、正方形で、きめ細かく、平らで、近年は圓明園遺跡の発掘中である。金塊で敷き詰めた室内の地面はまだ発見されておらず、平らでつるつるしていて、とても目立っている。庭園は南方の私立庭園のよく見る精巧な石で造られた道の舗装を使い、このような多彩な設計は庭園の景色を豊富にした。文人の庭園の境地と達成した。例えば、故宮御花園の地面は石を使い異なる模様で構成した。内容が豊富で、形は生き生きとしていて、精巧で、人を感動させる。

5. その他

北京庭園建築は異なる地区の庭園に彩色し、等級の高さが見てわかる。庭園の装飾において、不思議で珍しい盆栽の装飾を除き、金を使ったメッキの獅子や象の銅像、銅香炉、銅缸、玉瓮などがある。また、北京庭園の詩に、横額、絵、書などがあり、歴代の文人が残した貴重な珍しい芸術品で、龍の目を描き、人々の造園真実の道理理解と名所の醍醐味の効果をもたらした。

北京庭園の風格は江南の造園方法で北方の特色に融合し、造園芸術は受け継ぎ発揮し、創造し、同時に海外との行き来が増加するにつれて、ヨーロッパや中東、またはその他の場所の風格を取り入れ、北京地区の庭園を更に豊富で多様に見せた。

四、北京庭園の保護状況

北京の歴史は果てしなく長く、古跡が有名である。大量の文化財が北京にあるため全国文化中心で特殊な経済資源と物質基礎となった。文

財の古跡を保護するため、強固で、全国政治中心の保証、文化中心の都市性質に対して、重要な意味と影響がある。中華人民共和国が成立して以来、中央党と国務院及び北京市の各階級の人民政府は文化財保護を重視した。1961年には、頤和園や北海及び団城、圓明園遺跡、恭王府花園、景山、可園、静明園、中南海など国務院が北京古典庭園を全国の重点文化財保護と公布し、楽家花園、達園、馬輝堂花園なども次々と公布した。『北京歴史文化名城保護計画』は頤和園、圓明園、香山の静宜園、玉泉山の静明園など的確に書かれ、清時代の"三山五園"地区は西郊外の清時代の皇室専属庭園は歴史文化の保護区として、私たちの国に現存する美しい皇室専属庭園を更に保護した。1998年に、国際連合教育科学文化機関に北京の皇室専属庭園の頤和園は『世界遺産』に登録された。何年も前から、北京市は大量の人材や物資を投入し、いくつもの大きな文化財を修復した。頤和園を例に挙げると、1978年から始まり、年々と修復し、咸豊十年（1860年）にアメリカとイギリス連軍に焼却され、慈禧皇太后は古代の建築を再建する事が出来なかった。例えば、四大部洲、暢観堂、景明楼、蘇州街、澹寧堂、耕織景物区などがある。

　北京市の文化財は2000年から始まり、相次いで『北京市市級以上文化遺産保護建築応急措置修繕計画(2000－2002年)』(また"3.3億工程"と呼ぶ)と『人文オリンピック文化財保護計画（2003－2007年)』が制定した。"二線の景観を整理し、五つの区の風格を取り戻し、北京郊外の六景を再現する"という構想のもと、各級の文化遺産保護財は140余りの場所を修繕し、終始厳格な"保護を中心とし、応急処置を第一に、合理利用し、更に管理を厳しくする"の保護方針に従い、保護経費は10億元以上を投入した。

　2000年から今に至るまで、北京市は既に頤和園の東宮門、聞鸝館、大船塢、耕織図などが発展しており、排雲殿や仏香閣、廊下、涵虚堂、霽清軒、清外務部役場、諧趣園などが修繕工事され、圓明園を含み遺跡の古学を発掘し、香山の勤政殿は再建し、環境を整え、景山の寿皇殿は

保護工事など重要な項目があった。十数年の間、全ての市は庭園の補修をよく行い、頤和園や北海、景山、静宜園、可園、蓮園、桐花園、恭王府花園、涛貝勒府花園など、庭園建築と環境は良い保護を得た。現在実施している『北京市文化財建築修繕保護利用の長期計画（2008－2015年）』は、北京市文化財建築に対して継続し、科学的な保護を進行している。

　2010年に、北京市は頤和園の四大部洲の建築物を修繕し、須弥仙境の建築物を再建し、北海の仏楼や大仏殿などの古代建築物を修繕し再建した。静宜園の宗鏡は大昭の院を修繕し再建などを行い、工事の重点のため項目を保護し、修復面積はおよそ1.6万㎡である。頤和園、北海、静宜園の三つの場所は皇室専属庭園の少数民族建築文化遺産保護項目が始動し、歴史から宗教と建築文化の角度は豊富な民族文化が多く展開し、政府が少数民族文化に対し、宗教文化の高度な重視、有利な伝統建築文化、歴史情報の保護、伝承などが大きく発展した。皇室専属庭園景観建築の完全性の需要を実現したのである。

劉　　珊

皇室専属庭園

　北京の皇室専属庭園は何度もそれぞれの時代に建設が計画され、中でも明、清の両朝に中国歴代の庭園が大成した。大きく堂々とした皇室の風格を持ち、同時に江南庭園の秀麗な風格と西洋庭園の優美な気質を汲み取り、唯一無二の芸術珍品、文化宝物と成した。特に北京の北西部郊外に形成した『三山五園』は大型の皇室御苑地区であり、古典庭園の技法を全て取り入れたもので、中国造園芸術を代表する最高級の業績である。

　ここで比較的保存状態の良い西苑三海、景山、頤和園、圓明園を例にとり、北京の皇室専属庭園の姿を明らかにしよう。

西苑三海

　西苑庭園は北京市の中心地帯に位置しており、東には故宮や景山、西には興聖宮や隆福宮、北には什刹海があり、その他の範囲は北海、中海

▲西苑三海の主な景色

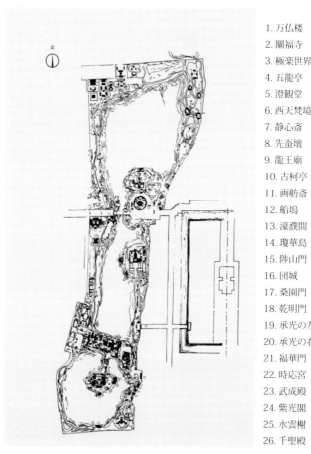

▲西苑三海の総平面図

1. 万仏楼	27. 内監学堂
2. 闡福寺	28. 万善殿
3. 極楽世界	29. 船塢
4. 五龍亭	30. 西苑門
5. 澄観堂	31. 春藕斎
6. 西天梵境	32. 崇雅殿
7. 静心斎	33. 豊沢園
8. 先蚕壇	34. 勤政殿
9. 龍王廟	35. 結秀亭
10. 古柯亭	36. 荷風惠露亭
11. 画舫斎	37. 大園鏡中
12. 船塢	38. 長春本屋
13. 濠濮間	39. 香扆殿
14. 瓊華島	40. 春明楼
15. 陟山門	41. 涵元宮
16. 団城	42. 待月軒
17. 桑園門	43. 牣魚亭
18. 乾明門	44. 翔鸞閣
19. 承光の左門	45. 淑清院
20. 承光の右門	46. 日知閣
21. 福華門	47. 雲絵楼
22. 時応宮	48. 清音閣
23. 武成殿	49. 船塢
24. 紫光閣	50. 同豫軒
25. 水雲榭	51. 金臨古堂
26. 千聖殿	52. 宝月楼

及び南海地区が含まれ、清時代世間では"三海子"と言う。早くて金時代に皇室の離宮の太寧宮を建設した。元時代皇城範囲内に西苑を合併させ、金時代に瓊華島の万寿山庭園を建造し、太液池は隆福、興圣の二つの宮を中心に建てた。明時代南海を掘り、太液池と三海（北海、中海、

▲太液池

▼瓊島の全景

南海)がある。大規模な修繕を行い、風景が美しい皇室専属庭園となった。

　清時代まで、皇室専属庭園の建造は更に繁栄し、皇室専属庭園の経営は西苑から北京の西郊外の"三山五園"まで，また都以外までの承徳避暑山庄や盤山行宮など、規模は十分に広大である。西苑三海は地理が優位で自然環境が美しく皇帝の好意を受け、入念な建造を得ることができ

▲北海の北岸全景

た。皇室専属庭園は"康乾繁栄の時代"の勝手気ままな建造を受け、乾隆時代に中、南、北海周囲に住宅を置き、入念に亭や台、楼、閣の構築を造り、西苑は江南庭園の風を受け、千差万別で、著名な燕京八景の中に"瓊島の春影"と"太液の秋風"二つの名所が位置している。西苑三海の中で中南海は中央党及び国務院があり、2006年に国務院は全国文化財保護を公布した。北海は今に至るまで乾隆時代の様子を保ち続けながら、世界で最も歴史が長く、皇室専属庭園の保存方法が最も完璧である。1961年、北海及び団城は全国文化財保護を重点しているため国務院に公布され、北海の歴史の造りと風貌を完璧に保護するため、深い歴史と文化を充分に展示し、市政府は更に北海に規範な文化財保護の仕事を行い始めた。

近年北海の修繕事業は秩序があり、2005年に北海瓊華島修繕工事が

▲小西天牌楼の石橋

▲小西天

▼西天梵境の三門

▼大慈真如宝殿

発動し、2007年に北海公園大門、五龍亭の修繕工事が発動、2009年に北海画舫斎の修繕工事が発動、同年『北海及び団城文化財保護計画』の編成事業が完成し、北海の保護と発展は新しい段階へ突入した。

　北海は瓊華島を中心とし、水面の周囲は約36万㎡あり、全体の園の面積の半分以上で、湖は静かに流れ、風景が柔らかく麗しい。

　北海の北岸地勢は平坦で、西から東に向かい小西天や闡福寺、万仏楼などの広大で厳粛な仏教建築物が分布されており、帝王の位が隆盛になることと、全ての人民が平安であることを祈り願った。

　更に東の方には快雪堂、西天梵境がある。西天梵境はまた大西天と呼ばれている。明時代の大西天は工場の敷地に、天王殿や大慈真如宝殿、瑠璃閣などを含むいくつかの庭園を建てた。西天梵境の前方には美しい須弥座の瑠璃牌楼があり、また般若祥雲牌楼と呼ばれている。山門の左

▲瑠璃閣

右には石彫経幢があり、左には『金剛経』と刻まれており、右には刻『薬師経』と刻まれている。中院正殿は大慈真如宝殿として、明代の楠木殿は特色の一つである。北海の中軸線は人気な庭園に分布されており、静心斎の園内は亭台楼閣、山石の水面など細かくて美しく、成功した庭園である。多くの園の南側には水面が連なり、柳の影が地面いっぱい覆っている。

▲五龍亭(左から浮翠亭、涌瑞亭、龍沢亭、澄香亭、滋香亭)

▲澄香亭から景山を眺める

大慈真如宝殿は明時代の万暦に建てられ、五門構えで、重檐寄棟造である。建築の木の構造は全て金の楠を採用しており、中国に現存する明時代の建築の中で傑作である。殿内には三世仏と十八羅漢塑像が祭ってある。2008年に清の皇室にある書類の記載によると、復原殿は七階八方で銅塔が二つあり、塔の高さは6.59 mある。

　五龍亭は明の嘉靖二十二年（1543年）に建てられ、中心を龍沢亭とし、西には涌瑞亭と浮翠亭、東には澄香亭と滋香亭などがある。清乾隆二十八年（1763年）に木制の弧の形の橋を石橋に変え、青石や柱を取り付けた。五龍亭は魚を釣ったり、月見をしたりする場所である。

　九龍壁は大園鏡智宝殿前方の目隠し壁で、清乾隆二十一年（1756年）に建てられた。九龍壁の高さ5.96 m、厚さ1.60 m、長さ25.52 mで、青白石の礎に建て，レンガで組み立てられ、目隠し壁の四面は424個の七彩瑠璃のレンガ瓦ではめ込まれてでき、屋根は寄棟造である。

　壁の両面にそれぞれ彩色の施された9匹の大蜷局の龍が青い波の雲海

▲九龍壁

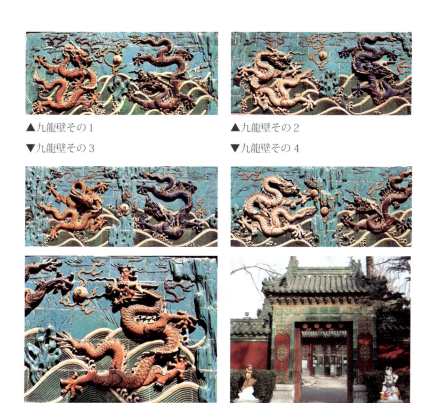

▲九龍壁その1　　　　　▲九龍壁その2
▼九龍壁その3　　　　　▼九龍壁その4

▲九龍壁その5　　　　　▲先蚕壇の親蚕門

　で舞い上がり戯れている。壁の正面の尾根や分岐している尾根、軒瓦の先端、勾頭、線レンガなどは全て龍の痕跡があり、総計635匹の大小からなる蜷局龍がある。
　中国には三つの九龍壁があり、唯一この壁だけが両面壁で、中国の瑠璃建築芸術の精華と言える。
　北海の東岸は平皐高地中心である。最北に先蚕壇，先蚕壇は皇后が毎年蚕神を祭事する場所であり、北京九壇八廟の一つである。壇は四角形で、南向きの一階建てである。東、西、北の壇に桑林が植えてあり、南

▲画船斎

には正門三間が西に偏ってある。

　門に入るとすぐに先蚕壇がある。先蚕壇の南東に観桑台がある。観桑台の北に親蚕門があり、門の左右には朱色の塀が連なっており、塀の北に庭園が折り曲がって出来ている。園内の前殿は繭館で、後殿は織室である。前後殿の間に回廊繋がっている。

　観桑台の南東には蚕神殿がある。先蚕壇 先蚕壇の親蚕門の南には画船斎があり、画船斎は清乾隆二十二年（1757年）に建てられ、主要な建築は北側にあって南向きに立っており、池水中心で、南は春雨林堤殿があり、東西に鏡香、観妙の二部屋、四面を取り囲む回廊で静かな庭園を構成している。北西の角庭園は精巧で美しく、北東に古柯亭、奥曠と得性軒などがある。古柯亭の前に枝が茂っている樹齢千年の古槐がある。画船斎が隙間なく配置されており、建築は精巧で、彫り物や彩色を施して装飾した天井があり、北海の中でも比較的成功した庭園である。南側

には濠濮間があり、山間の窪地に位置し、谷間の山林に景勝の地が振り出し、乏しい草木が茂り、まるで別世界である。

　南側の渡り橋には団城があり、団城の平面は円形で、レンガで出来ている。

　城の高さは4.6m、周辺の長さは276m、面積は4553㎡ある。東と西の両面の壁にはそれぞれの壁門、門楼が建ててあり、東は昭景、西は衍祥があり、入り口の門は登山の石経から城の屋根まである。登山の石経はそれぞれの弱点がある。承光殿が中心であり、その他南に玉瓮亭、北に敬躋堂があり、城の中軸線で構成された。西配殿の両側対称に、古籟堂、余清斎の東廡と西廡などが分布された。朶雲亭や鏡瀾亭は假山の上にある。全て黄色の瓦、赤い壁で出来ている。建築物が目も奪わんばかりに華麗である古代建築の間で

　数十個の青い松と緑の柏を植え、古韻が満ち溢れている。承光殿の中部は四角形で、一門構えで、それぞれ三間の奥行きがあり、四面の母屋

▲団城

▼団城の承光殿

▼承光殿の風景1

▲承光殿の風景2

▲"瀆山大玉海"玉瓮

の後ろの小さな建物を一間押し出し、平面が十字形である。南には月見をするための台がある。正中大殿は重檐入母屋造、抱厦は単檐巻棚式の入母屋造、黄瑠璃瓦に覆われ屋根の周りが緑で反り返っている。上檐は七踩斗拱で、下檐は抱厦の五踩斗拱である。殿内の絵は金旋が彩色された画である。団城は大きくなく、広大にそびえ立ち、山に登り川に臨み三海を見下ろしていた。北海の西側は地峡が長く、建築物がなく、柳が植えられ、庭園を静かな地とするために、都市の騒々しさを阻止した。

　団城の玉甕亭は中国で最も早く、形体が最も大きな昔から伝わった玉器、瀆山大玉海がある。元時代に唯一残した大型の玉の彫刻作品であり、また玉甕、玉鉢という。

　瀆山大玉海の器体は楕円形で、高さ 0.7 m、口径 1.35 － 1.82 m、最大周辺 4.93 m、重さ約 3500kg である。玉の材料は黒斑色で黒い石炭を使い、玉海の外壁は龍や馬、猿、鹿、犀、螺などを彫刻した。

　瓊華島は北海の中心で、道家神話の海上の仙山は原型であるという言い伝えがあり、仏教の中の大須弥山は原本で、石だけを選び軒を建て、また仏教の国の聖地を建造した。木を植えて繁殖し、仙山の景観を再現した。瓊華島を略すと瓊島と呼び、島の高さ 32.3 m、周辺の長さ 913

▲白い皮の松

▲瓊華島鳥瞰

mである。瓊華の意味は華麗な宝石という意味で、島は宝石を使い仙境の宝島を建てたのである。島の建築は美しく、高さに風情があり、山の地勢に従い分布され、青い松と緑の柏が互いに引き立てている。

　南は永安寺が主体で、法輪殿や正覚殿、普安殿及び配殿回廊、鐘鼓楼などがあり、黄色の瓦に赤い壁で、明るく美しい色彩である。西には悦心殿や慶霄楼、琳光殿及び乾隆時代に模写して彫刻した珍しいものを保管した『三希堂法帖』の閲古楼がある。島の東に建築物は多くないが、林で覆われ、景色は静寂で独特な風格がある。乾隆の本は『瓊島春影』の石碑で、緑に深く生い茂った場所に立っており、"燕京八景"のうちの一つとなった。北は山のふもと沿岸に一列二階の60間の水の回廊は瓊島を横切る色とりどりの紐のようで、回廊の後部は漪瀾堂や遠帆閣などの建築があり、林が生い茂っている。島には岩窟の花崗石が置いてあり、山石の間に堂樹家屋があり、家屋には山石があり、自然と室内を互いに通じさせ、自然に形成された境地である。悦心殿などの山で構成された建築殿閣は互いに連なっており、水の回廊は多くの星が月を取り巻くように形成された、白塔は広大で高くそびえ立ち、北海全景を統べた。瓊島華島の南東には石橋岸辺が連なっており、美しい景山で、故宮を照り映え、白塔は視覚中心で、雄大で美し絵巻を構成した。また、島の北側の山腰に仙人の承露盤など"綴景の物"があり、更に観光客が想像するように付け加えた。

　北海庭園は広大な規模と傑作集の集中分布で中国の優秀な伝統造園芸術を表し、中国古代の伝統文化に深く反映した。

　明と清の二つの皇室は仏教密教を、この何百年間、何者にも及ぶことができない人力や物力全て信じ、皇室の宮苑の中で大量の仏教建築を建築し、北海公園はこのいくつかの建築しかない。全園は瓊華島の白塔が要害の高地として、楼包山の造園方法を使用している。最終的には形成全方位に形成し、多くの構成は島の景観で、密教仏教の国の聖地大須弥山の景勝の地は突き破って展示した。

▲小西天の牌楼

▲小西天の内部風景

▼瓊華島に面する永安橋"堆雲""積翠"の牌楼

　園の北西側には小西天、闡福寺の二つの密教寺院がある。小西天の前殿の建築の中に、大仏殿は水面の中央に位置し、四面に方楼があり、典型的な曼荼羅の図がはっきりと現れる建築物の一つである。

　曼荼羅は真言宗の修行を積む静かな聖地で、仏教の真言宗五仏信仰の平面図式である。真言宗は羯摩曼荼羅（karma mamdala，曼荼羅の一種）は金剛界で神仏"威儀"の形象を表現した。また、"九会曼荼羅"と呼ぶ。中心には大日如来があり、四方には四波羅蜜、東方と南方には宝生如来、西方には無限な寿仏、北方には釈迦如来がある。須弥山は仏教の神山で、曼荼羅の一種でもある。瓊華島と極楽世界の前殿は曼荼羅と同じ構造があり、形式を表現する上で空間と平面の二つの模式を展開した。

　『仏学大辞典』によると"金剛山"を引くと『無限寿経下』と出る。"金剛山に覆われ、須弥山は五つあり、大小それぞれである……"闡福寺の

▲白塔　　　　　　　　▲白塔と五龍亭
▼分涼閣　　　　　　　▼善因殿

▲瓊島北側の廊下1　　　▲瓊島北側の廊下2

皇室専属庭園　57

▲畝鑑室

▼瓊島の春陰碑　　▼閲古楼

　五龍亭は水中にあり、真言宗は数字に対して"五"という神聖性の認知がはっきりと現れ、このことから、白塔と探出水面の五龍亭を遥かに乗り出し、景観の呼応の存在関係なく、宗教の上で同形である。
　園の東側には濠濮間があり、『庄子・秋水』の中で"濠梁の上で遊ぶ"古いしきたりで、高度な造園方法である。土山の形の変わった石を利用

▲仙人の承露盤

▲濠濮間

▼濠濮間の横額

▼井口天井の花

し、奥行きが小道で、次第に石船を押し出し、曲橋や、水榭、遊び心の行方をわすれ、庭園の境地は徐々に表れてきた。

　濠濮澗は庭園の一種の造りで、表現している山水は互いに風景を頼り、石やセメントで造られ、植物は水の深さを測り、水位は低めで、水面は狭く長い。二つの山は狭く感じ、奥行きがある濠濮澗の空間を造り上げた。一盤石船、一欄曲橋、一方水榭が林にあり、奥深い谷の中で、静かで、自然が古風で飾り気がなく、伝記"簡文入華林園、顧謂左右曰'会心処不必在遠。翳然林水、便自有濠濮間想也、覚鳥獣禽魚、自来親人。'"と書かれている。水榭を背に丘が、一つの登山の廊依山の姿がくねくねと続き、書斎に到るまで小さな庭の外まで折り曲がってある。この庭園

皇室専属庭園 | 59

▲濠濮間の石橋

▲濠濮間の登山廊1

▼濠濮間の登山廊2

▼静心斎

は自然の山水の凹凸を余すとこなく表現されている。

　昔から庭園を豪華にするのは容易で、素朴にするのは難題であり、皇室専属庭園はこの濠濮間のような極めてはっきりと道家の"素を見て朴を抱く、静寂を順守する"の哲学的思想を示している。道の何層にもなる意義は濠濮間の中の豊富に集結しており、"渓谷の縁を進み、道の遠近を忘れる"の一層、"ただ欲しがっているだけでは何も手に入らないよりも網を編む方が良い"の一層、"鳥獣禽魚、皆本来は身内"の一層、"茂みの中で座っていると忘れ、悠然の言葉をも忘れる"の一層、"悠然と胸打ち、天地万物に同じように流れていると"の一層。以上の層は直接濠濮間の行いとして昔の人の気性の修練の重要な作用として"道"を

▲静心斎の横額　　　　　　▲静心斎の風景
▼枕巒亭　　　　　　▼静心斎の登山廊

伝達した。この意義から、道家の悠然、謙虚は人に対しその中で一種の天然の滋養であるとなっている。

　静心斎のかつての名は鏡清斎であり、正門と瓊華島が水を隔てるのを互いに見合い、四辺は短な壁で囲まれており、南は鏤空花壁、北海は広々としており、瓊華の四季の浪漫を収めた。碧鮮亭は花壁外に密着し、景色の良い起点である。前庭中心の明鏡般の池は，水岸の太湖石景は至る所に分布し、素本屋や、韻琴斎、焙茶塢、罨画軒などの建築を置き、本や画、琴、茶など文人は興趣が満ち溢れていた。後園には登山廊が全園を取り囲み、廊の北西側には畳翠楼があり、中央には枕巒亭がある。園

▲沁泉廊

　の中に入ると、碧の水は太湖石の上に照らし、光彩で水が波打つのを俯瞰し、翠松は青い空で白い雲を見る。登楼は遠望でき、北海の景色はことごとく目に収めることができ、山の亭は静かで、古刹の鐘音または評判がある。静心斎は異なる江南庭園で雪のように白い壁、青黒い瓦で家屋を描いているように創造し、静かで風雅のある芸術境界で、北国庭園の素晴らしい構造となった。

　古人の庭園構造は必ず題名と意味があり、静心斎は明鏡般の池水中心であり、託された意味は持ち主が自らを照らし浄化心を保ち続け、道徳教養を昇進させ、清明の政治は日に日に変化し、境界に辿り着いた。池はまた、抱素本屋、韻琴斎、焙茶塢、罨画軒などの建築が四辺を取り囲み、儒家の"道を志し、徳に据え、仁に頼り、芸を得る"という人生理想を表現した。

要するに、北海は明清時代の中国文化の集大成で、漢、モンゴル、満の各民族が融合する証人で、中国皇室専属庭園皇の文化と景観建設が完璧な典型的な範例である。
　一方で北海は太液の天から映っている水中と瓊華島が主な景色で、周辺の庭園は、造園方法の上で、大と小が形成され、視覚と游賞など豊富な空間で、造景の成功を得ることができた。もう一方で、全体の庭園は中国人文の精神に融合し、全園代表の儒家文化の静心斎はまとめるために、左側に濠濮間、右側に闡福寺や小西天などを置き、儒は中道、道仏の両翼の古人は、認知世界、感受世界、再建造世界の外化である。

景山

　景山は北京市西城区景山の前街北側に位置しており、紫禁城の北、鼓楼の南、古代都の著名な皇室御苑の一つで、古代皇帝の宮は北部の防壁である。同様に都の中軸線上で重要な皇室建築物である。
　景山地区は遼時代以前、郊外の広野であった。金大定三年から十九年（1163 － 1179 年）まで、世宗皇帝の完顔雍は瓊華島を太寧宮の中心として建築し、"西華淵（現在の北海）"の堆積した泥を掘り出し、土の丘を形成し、太寧宮の防壁として、周囲の二層の宮の壁を取り囲んだ。山の上に瑶光楼を建て、瓊華島の広寒殿は互いに呼応した。このように、金時代まで景山は中国庭園の中で完璧な庭園であった。
　13 世紀中ごろ、元世祖のフビライ・ハンは大都を建設し、景山の地を宮城の北に置き、元朝の統治者は"後苑"を開拓し、苑内には八万㎡の地があり、元時代の皇帝はかつて自ら耕し、天下の規範となった。苑内に"青山"と呼ばれる土丘があり、山の上に延春閣などの建築物を建設し、宗教活動を行った。マルコ・ポーロはかつて旅行記に青山のことを以下のように描写した。"皇宮からは遠くなく北にあり、壁に囲まれ

皇室専属庭園 | 63

▲景山の南から見た紫禁城

▲景山の鳥瞰図

距離は遠い場所で、人が造った假山があり、山の高さはちょうど百歩、四辺の長さは約 1.6km、山の上には美しい青木が植えてある。皇帝陛下（フビライ・ハン）はどこに一株美しい木があることを知り、人に根こそぎ引っこ抜いて、どれほど木が大きくて重くても関係なく、この小山の上まで運び植えろと命令した。この山に緑が増え、小山の木の四季は常に青で、この山は青山と名付けられた。山頂には装飾が一風変わった亭がそびえ立っており、亭の色は緑色である。青山、翠樹、緑亭は混然一体となっており、身も心も楽しませる珍しい風景の庭園と形成された。"と記載され、景山の風景の最も早い歴史が描写されている。

　明時代当初、成祖朱棣は宮室を建設し、永楽四年（1406年）に元時代の宮殿の残った土と紫禁城の御河の泥を掘り出し、元時代の延春閣の古い土台を取壊し、五つの山峰を形成し、高さ 43 m である。明の成祖は北京の先頭に立ち、北方の玄武神の加護だと思い、宮禁の北に土疊山があり、金水河と一緒に、皇室の宮苑は丘のふもとと流水のそばにある風水が宝の地となり、元時代の王に抑えつける作用がある。景山は皇室宮苑の鎮山となり、明時代の帝王の位に関わる。皇図を永久に固丈夫であることを求め、万歳山と名付け、世間では煤山（明時代の当初かつて山には大量の石炭があったため）と呼ばれている。山には松柏が隙間な

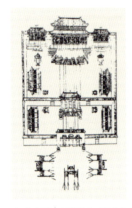
▲寿皇殿の平面図(『清会典』より)

▲崇禎皇帝の絞首所

くあり、山の下には果樹が植えてあるため、一般に"百果園"(また北果園という)と呼ぶ。山東の北隅には寿皇殿などの殿亭楼館が建てられており、皇帝は高みに登ったり、宴会をしたり、遊観を提供した。山の下には鶴や鹿の群れを飼い育て、縁起の良い住まいで、毎度重陽節には皇帝がよく高みに登り遠くを眺め、災いを払うことを祈る。崇禎十七年(1644年)三月十八日に、李が作った農民が北京に入る時に反乱を起こした。末帝朱は万歳山の東のふもとの槐の木の上で首をつって死んだ。

　清の兵が入ってきた後、人心を籠絡するため、この木は罪槐と呼ばれ、鉄の鎖を使い、馬碑に敬意を立てた。順治十二年(1655年)に万歳山は景山と改称した。

　乾隆十四年(1749年)に寿皇殿から景山の北に移し建てた。乾隆十六年(1751年)、景山に五亭を建て加えた。清帝の遜が即位した後、景山は一度荒れ果て、よく軍隊が駐留した。1928年に景山は開放するようになった。1949年、中華人民共和国は景山公園と成立し、全面の修繕を行った。2001年、景山は全国文化財保護機関と公布された。近年、北京市文化財局は景山五亭の組織を作り、護国忠義廟の修繕を行い、北

皇室専属庭園 | 65

▲山左里門　　　　　　　　▲綺望楼
▼綺望楼内の孔子像　　　　▼綺望楼の縦額

京市少年宮の寿皇殿を占めている建築物を家主に返還し、補修し、開放する計画を実行した。

　景山は平面長方形の、南北に長さ約220m、東西に幅約400mである。規模について言うと、山の後ろの建築群は建築構成の尺度、建築の数量に関わらず全てが山の前の部分の建築より広大である。

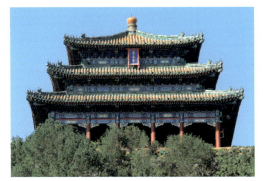

▲万春亭　　　　　　　　　　　　　▲万春亭内の毘盧遮那の仏像
▼万春亭の仏像の須弥座　　　　　　▼周賞亭

▲周賞亭の井口天花　　　　　　　　▲周賞亭の斗拱及び彩画

皇室専属庭園 | 67

▲観妙亭

▲観妙亭の井口天花

　景山はかつて園門が3つあり、真南、東、西の三方向に分けられて建っており、景山門、山左里門、山右里門に称している。景山門は南端の正門で、五門造りの黄色の琉璃の瓦の入母屋造りで、軒下に三踏の斗拱が施してあり、木材の骨組みに輪の絵画が描かれている。東西の両面の規格は少し低く、三門構えで他の構造は同じである。

　景山の足元の主な建築は綺望楼で、景山門後ろの南北の軸線上に二つある。清乾隆十五年（1750年）に建てられた。ここはかつて清代の皇室が祭孔を行うところであり、中には孔子が祀られている。建築は前廊があり、五門構えの、二重入母屋造で、畝が尾根にある黄色の琉璃の瓦屋根である。二階の入口の間に満漢双が"綺望楼"と書いた扁額が掛けられている。楼前に幅の大きな月見台が置かれており、台前に階が3つあり、その周りに漢白玉の石欄がある。綺望楼は綺高山を背にし、視野の開けた地形を望み、景山がさらに高く聳え壮大になるには都合がよく、楼の左右にそれぞれ延々と連なる山道が山頂まである。

　景山の尾根の上に、一様に並んでいる5つの清乾隆十六年（1751年）に建てられた亭式建築がある。万春亭は山頂に位置し、城内部の構成は高く、これまでずっと鳥瞰京城の最良の位置に賞されている。高さは

▲集芳亭

▲景山の雪景色

17.4mの平面正方形で、内外の仕切りが32個あり、三重の軒に四角形の攢尖式屋根に、黄琉璃の瓦に手前が緑色の屋根である。一階と二階の軒は、軒下に高く跳ねている五踏の斗拱が施してあり、三階軒は軒下に高く二重に跳ねている七踏の斗拱が施してある。その東西の二つの亭は"観妙亭"と"輯芳亭"に分けられる。二つの構造は同じで、八角形の攢尖式屋根に緑琉璃の瓦に手前が黄色の屋根がある。軒下には黒い線で斗拱が施してあり、上の軒は高く二重に跳ねている七踏の斗拱、下の軒には高く跳ねている五踏の斗拱が施してある。

　両方の内外のしきりに八本の直径10mの赤漆の木柱があり、亭内の直径は10.4m。両亭の東西に周賞亭と富覧亭に分けられており、形は同じく、円形の二重軒攢尖式屋根で、藍色の琉璃の瓦に手前が茶色の屋根で覆われている。上の軒には高く二重に跳ねている七踏の斗拱、下の軒には高く跳ねている五踏の斗拱が施してある景山五亭は山の形に基づいて建てられており、万春亭うい中心に対称に釣り合いが取れており、調和が取れた景観を構成している。五亭内はかつて合わせて"五方佛"の仏像、中央の毘盧遮那仏（大日如来）、東の阿閦如来（不動如来）、西

▲富覧亭　　　　　　　　　▲富覧亭の装飾彩画

の阿弥陀、南の宝生、北の一体あったが、清光緒二十六年（1900年）八ヶ国連合軍北京侵入後、仏像はひどい目に遭い破壊され、約1mの須弥座だけが幸い残り、1998年に万春亭の仏像は帰安に復建した。

　景山の北側には中軸線の上に一組の大型建築物、寿皇殿がある。寿皇殿は明時代に建て始め、清乾隆十四年（1749年）に再建した。殿前の広場の東、西、南の三面に四柱三門九楼木牌楼が高く立っている。
北はレンガで造られたアーチ型の橋門で、三門構えである。黄色の瑠璃瓦屋根の寄棟造で、軒の下には仿木が置いてあり、雀替、額富覧の斗拱及び彩画枋などの瑠璃構造がある。

　板の門には九路銅の釘があり、各両側にライオンの石が守護しており、壮大で堂々としている。

　瑠璃門の後は寿皇門（即ち戟門）で北側にあり南向きに建っており、五門構え、寄棟造、黄色の瑠璃瓦屋根である。

　寿皇門の両側には入母屋造の配殿がそれぞれ五間建っている。配殿の北側は井亭、宰牲亭がある。寿皇門の東西両側には狭くて長い道があり、神厨と神倉の建築を分別している。

　寿皇門の後院には緑色の柏があり、清乾隆十四年（1749年）に寿皇殿を正面に建て、皇帝先祖の肖像を祭る場所と展示した。毎年大晦日、1月1日、万寿、命日に清の帝王は皇子及び王公を連れて祭りに参加した。

▲景山・寿皇殿の鳥瞰図

▼寿皇殿前の三牌楼広場

▼寿皇殿前の東牌楼の西正面

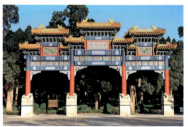

　大殿は北側にあり南向きに建っており、九門構え、寄棟造、黄色の瑠璃瓦屋根で構成されている。軒下には金線の斗拱が施していて、軒上は高く反り返っている七踏の斗組と、軒下は重昂五踩の斗組で施してある。大木の構造は絵と璽彩画である。

　寿皇殿建築の前に広大な月台が建っており、月台周辺は漢白玉石の手すりが保護されている。寿皇殿東西に配殿が属していて、衍慶殿、繡錦

皇室専属庭園

▲牌楼戧杆座獣
▼景山の寿皇殿内にある雍正帝の泥人形

▲寿皇殿の瑠璃門
▼寿皇門

▲寿皇殿

殿は七間構え、入母屋造、黄色の瑠璃瓦屋根と分別している。寿皇殿の月台は両側のそれぞれ碑亭を建て、八角形の攢尖式屋根、黄色の瑠璃瓦屋根である。乾隆十七年（1752年）に乾隆帝が明時代の原寿皇殿の改

▲永思殿

▲観徳殿の鳥瞰図

▼景山の五亭

造歴史を記述し、建て始めた。

　寿皇殿の建築物は気勢が広大で、規格が高く、景山後部の中心建築で紫禁城と、鈴鼓楼は同一軸線上で、皇城の風格が目立ち、人々たちに無限な感覚を与えさせた。

　寿皇殿の西側一片は五キロヘクタールの空き地があり、元世祖のフビライ・ハンが自ら耕した場所で、清時代に官学堂館舎となった。寿皇殿の東側は永思殿の建築物で、南北二つに中庭があり、主に皇帝の遺体を納める場所である。永思殿は南東に観徳殿があり、明の万歴二十八年（1600年）に建て、万歴帝は皇子の演武の建築を見て、建築規模は寿皇殿の次である。全院の建築は計四つあり、主に観徳門や観徳殿などがある。建築物の周辺には大きくて高い赤い壁が建っており、笠石は黄色の瑠璃瓦で覆われ、閉鎖的な庭園で、造りが完璧である。観徳殿の東側には護国忠義廟があり、全部の建築は計二つで、前殿と後殿が東西に組成されている。前殿の三間はひさしがあり、関帝が祭られている。後殿の

三間には、黒色の瑠璃瓦に黄色の屋根で、真武大帝が祭られている。

　景山は特色がある都市庭園で、元、明、清三朝の皇宮の鎮山は防壁で、皇室御苑と壇廟の作用である。観景山のそれぞれの建築物は互いに独立し、互いに関連している、特に山の上の五亭は、それぞれ占領し、青い松と緑の柏が互いに引き立てているもとで、周りの人に人が移動し景色が変わるような奇妙感を与えた。万春亭は都の中軸線の中心に位置しており、全ての都市の中で最も美しい風景の景観である。

　紫禁城俯瞰し、北京を眺め、草木が盛んに生い茂り、目も奪わんばかりに華麗で、人の気持ちを晴れやかで愉快にさせる、中国都市計画と古典庭園の美しく傑作しているといえる。

頤和園

　頤和園は北京市北西部の郊外に位置し、我が国に現存する最大規模で、保存状態が良い皇室専属庭園である。

　北京北西部の郊外には、西山の山の峰と尾根が南から北に連なっており、香山の支脈が東にあり、アーチ型の障壁が北京平原の北西部に並んでいる。西山の中腹の小山尾根に揃って平地に突き出であるのは玉泉山と甕山である。近くの和泉は満ちており、湖が分布し、遠くの山を近くの水で引き立たせて映えており、まるで江南の美しい景観のようである。遼、金の時代に、香山と玉泉山に皇室行宮の別荘を設けた。蒙古至元元年（1264年）元のフビライが新しい都の"大都"を建てた時、大都の水系が"白浮泉を西から南に北山に引っ張る"修整され、沿道の十数個の泉が甕山泊（今の昆明湖）集まり、経長河、高梁川"積水潭に集め、東から南へ南の水門と合わさり旧遠粮河（金代の闇河）を作り、玉泉山、甕山泊で食料の輸送が変わりさらに重要となると同時に、優美な自然風景によって湖一帯に寺院、庭園が建てられ、次第に北西部郊外一風景の

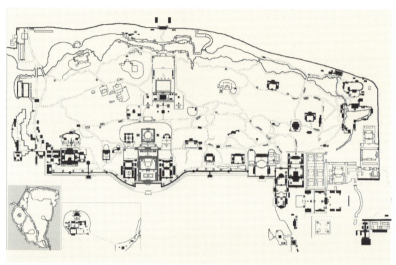
▲頤和園の平面略図

観光地へとなった。明代に玉泉山の水の東を甕山泊、玉泉山、甕山、甕山泊の間に山水を連結し、景観をお互い借景の関係になりさらに密接になった。

　清乾隆十五年（1750年），乾隆帝はこの風水の景地を気に入り、明代の山園の基盤にし、西湖に似せて清漪園を建て、西山の景観を借り、西湖を掘り甕山を高くし、土手を作り、廟を建て、亭台楼閣を加え、草花を植え、そして甕山の名を万寿山に変え、甕山泊の名を昆明湖に変え、若干年の連続の運営ででき、清漪園の名を貰った。

　清漪園は咸豊十年（1860年）にアメリカとイギリスの連合軍に滅ぼされ、光緒十一年（1885年）に修復し、清漪園は頤和園と改名した。光緒二十六年（1900年）には八国連軍にまた破壊され、光緒二十九年（1903年）に修復し、現在の状態にまで成し遂げた。中華人民共和国が成立した後、新しく修繕し、人民のために公園を開拓した。1961年、

▲遠くから眺めた玉泉山

▼修繕後の諧趣園　　　　　▼万寿山の鳥瞰図

頤和園は国務院に全国文化財保護機関だと公布され、1998年に『世界遺産』に認定された。その後、頤和園の科学化や系統化の管理状況の保護工事が行われた。一方で、近年頤和園の修繕工事は、2005年に頤和園排雲殿、仏香閣名所、諧趣園船塢と秩序があり修繕が発動。2006年に頤和園清外務部役場、仁寿殿名所の修繕工事が発動。2007年に頤和園霽清軒、涵虚堂、対鷗舫、魚藻軒、など一階が修繕工事発動。2009年に頤和園諧趣園の修繕工事が発動。2011年に頤和園徳と園の修繕工事が発動。これまで、以上の修繕工事が完成した。もう一方で、2006年に『頤和園文化財保護計画』と『頤和園全体の計画』の編成を発動した。頤和園の歴史や文化、保護、管理、機能、区別などの方面の内容も含む。

▲排雲門1　　　　　　　　　　　　▲排雲門の縦額
▼排雲門2　　　　　　　　　　　　▼排雲殿の鳥瞰図

　計画の目標は頤和園の完全な保護の実現と、頤和園の風貌の再現、清漪園と頤和園の二つの時代の歴史文化価値と内包を充分に展示することである。

　清乾隆の時代から今まで、200年近く破損と建設を経験し、頤和園の名所及び建築は損益が増減するのに対応したが、幸運なことに構造はずっと保たれてきた。頤和園は2.9㎢を占め、水面は四分の三で占められている。万寿山区、昆明湖区、宮廷区などの区は組成され、現存しているそれぞれの建築面積は7万㎡余りある。全園は北に山南に水が分布しており、万寿山の上の仏香閣が視覚中心であり、南北は景観が統一で一つの軸線上にあり、軸線上には鳳凰墩、南湖島、万寿山の牌楼、排雲殿、仏香閣、須弥霊境、牌楼、石拱橋、北大門が分布されている。

皇室専属庭園

▲仏香閣の南正面図(『頤和園排雲殿・仏香閣・廊下の実録』より)

▲仏香閣

▲仏香閣の断面図(『頤和園排雲殿・仏香閣・廊下の実録』より)

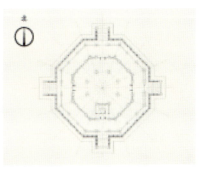

▲仏香閣の平面図(『頤和園排雲殿・仏香閣ー廊下の実録』より)

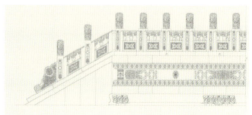

▼仏香閣の須弥座の正面図
(『頤和園排雲殿・仏香閣・廊下の実録』より)

▲仏香閣の宝頂の正面図(『頤和園排雲殿・仏香閣・廊下の実録』より)
▼仏香閣の斗拱の詳細図(『頤和園排雲殿・仏香閣・廊下の実録』より)

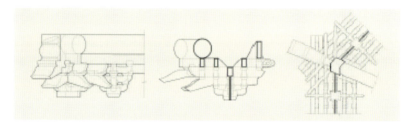

▲五方閣の名所　　　　　　　▲仏香閣の南山門から眺めた南湖島

　万寿山の前山は、目も奪わんばかりの華麗な排雲殿の建築物で、高大で平穏な仏香閣、前山の中央部に位置している。西側には宝雲閣と清華軒があり、東側には轉輪藏と介寿堂があり、同じ様に構成し、前山の建築物の中心である。

皇室専属庭園 | 79

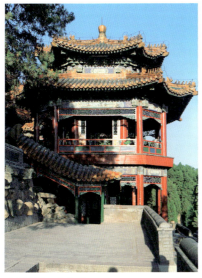

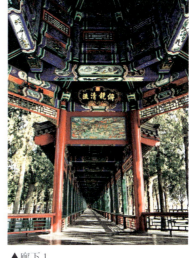

▲画中遊の八角亭　　　　　　▲廊下１
▼廊下亭の骨組み　　　　　　▼廊下２

　これらの大きな建築物は占領している地区で南北の奥行き約210ｍ、東西の面約160ｍ、全体の庭園の中で最も大きい庭園である。また、万寿山の前山を引き立たせるためにいくつかの小さな建築物がある。例えば、画中遊、邵窩、雲松巣などである。山の麓の西部に位置しており、画中遊は有名な場所の一つである。

▲廊下の彩色画1　　　　　　　▲廊下の彩色画2
▼廊下の彩色画3　　　　　　　▼廊下の彩色画4

画中游は八角亭で、周囲は澄輝閣、愛山楼、借秋楼が建っており、互いに登山の遊廊と一体に繋がり、異なる高度と角度の上で周辺の景色を鑑賞する事ができる。八角亭の中から外を見ると、もやの立ち込めた水面や、かすかな青山、広大な黄色の石は素晴らしい構造ではなく、小さなところから大きなところまで見えるような造園方法を表している。前山は山の麓の湖に面する平坦な地帯で、中国古典庭園の中で最も長い廊下で、この廊下は計273間あり、全体の長さは728ｍ、廊の間には飾り付ける順序があり、留佳、寄瀾、秋水、清遥の四つの亭の順序で、一年の四季を象徴している。廊下の絵は14000個多くで蘇式の彩色画である。その画の内容は民間の言い伝えや神話物語、歴史人物、劇場の名所、山水の風景、花鳥魚虫などが含まれており、あらゆるものを網羅し、色鮮やかで、生き生きしている 歴史の教科書である。昆明湖の北岸から漢白玉の手すりや柏の眉墨の影、青緑色の廊は幾重にも重なり合い形成された韻律で、光線を移すことにより虚実的変化を生み出し、人が廊下を通り抜けると、まるで画の中にいるかのようである。要するに、万寿山の前山全体は建築物が隙間なく分布しており、順序が明らかで、重点を

皇室専属庭園

▲万寿山の西麓の鳥瞰図

▼清晏船

▼清晏船の細部1

▲清晏船の細部2

▲清晏船の細部3

▲万寿山の後山の鳥瞰図

▼四大部州の一部　　▼万寿山の後山から眺めた玉峰塔

際立たせ、対比や薄墨などで周りを塗り中心の物の形を際立たせるなどの方法を使い高度な造園芸術を表した。

　万寿山の後山と前山の造園方法は異なる。全体的に言うと、頤和園の前山は広大で美しく、後山は静かで朗らかである。頤和園の後山は東部

▲後渓河の中段

▲澹寧堂

▼東宮門

▼仁寿殿

から西部まで御路を真っ直ぐ横断し、道に沿って左右に数十組の小さな建築物が散らばっている。そのうち澹寧堂、松堂、花承閣遺跡、構虚軒遺跡などがある。道沿いの西には、数百株もの油松が観賞でき、美しい玉峰塔の影で終始目の前に現れる。後山の中央には四大部州がある。四大部州はチベットの桑鷲寺を模範し、漢藏式建築物を修築した。面積は二万㎡占めており、山は勢い、前には須弥霊境（現在は平台に改名した）があり、後には寺院の主な建築の香岩宗印の閣がある。また、四辺は仏教世界の四大部州の象徴の東勝神州（半円形）、西牛賀州（楕円形）、南瞻部州（長方形）、北倶盧州（四角形）があり、造形に威厳があり美しい。

　清の時代末期、慈禧皇太后は長年頤和園に住み、紫禁城外のもう一つの朝廷となった。庭園の性質は乾隆時代に大きな変化が起こり、仁寿殿、玉瀾堂、楽寿堂が代表とするお互いに繋がっている庭園を形成し、東宮門宮殿区を構造した。仁寿殿は園内の外交活動する重要な場所で、慈禧

▲玉瀾堂の横額

▲玉瀾堂
▼樂寿堂の青い洞窟石

▲樂寿堂の銅の鶴
▼樂寿堂の横額

はよく園内で外交使節を接見した。この区域は仁寿門、東宮門を含む両側の対の屋、朝の部屋、値部屋を分列した。

建築の中軸線は東から西まで貫通し、いくつかの庭園は宮門の外の目

▲楽寿堂

▲大戯楼

隠し壁まで伸びていて、牌楼と頤和園外の暢春園や静明園、静宜園が関係してきている。仁寿殿の西側にある隣壁の昆明湖付近の庭園が玉瀾堂で、西晋文学家の"玉泉涌微瀾"の詩句を取り、玉瀾堂は宜芸館となり、二つの建築の間に夕佳楼があり、遠くの湖山を眺め、夕日が西に下りる西山の美しい景色を観賞する事ができる。夕佳楼の西には隣壁の湖岸にくねくねと曲がっている小道があり、道沿いを北に曲がり西進すると慈禧が寝る楽寿堂に着く。楽寿堂は居住区の主な建築で、前後二つの庭園及び二つの対称な庭園が組成され、全て遊廊を繋げ、全ての庭園は広々として明るく、清らかで美しく、優雅である。この建築の宮門は五間で湖に面する穿堂殿で、門は巨石で蓮の花のように可愛く、"青芝岫"と名付けた。楽寿堂の東には徳和園があり、園内には中国の最大の古戯楼が現存し、戯楼は三階で、高さ21m、一階の台の幅17m、天井があり、井戸の上下が繋がっており、構図装置を巧みに配置することができ、古代の巧みな建築技術が充分に展示された。

　知春亭は頤和園の昆明湖の東岸に位置しており、四角攢尖式屋根で、手すりにもたれて全園の景色を眺めることができる。亭の付近に柳を植えて、春の景色が印象的である。"知春"の二文字の源は宋時代の文学家の蘇軾が"春の川の水は鴨が先に知っているように暖かい"と名句したためである。亭の昆明湖の東岸は広々としていて太陽向きで、毎年春

▲遠くから見た大戯楼

▲大戯楼の横額

▼大戯楼の天井の花

▼文昌閣と知春亭

　に昆明湖が解け始め、知春亭と名付けられた。
　文昌閣は頤和園の昆明湖の東岸に位置しており、城門外に近い建築で、清漪園の園門の一つで、頤和園内の六大城門の中で最も大きい城門である。文昌閣は清乾隆十五年（1750年）に建てられ、現存する城門は清の光緒の時に再建された。城壁の上は四隅角の平面の"人"字形の廊下で、中央には三階の楼閣である。閣内は文昌君の銅像及び仙人に仕える少年の象が祭られている。隣には銅の騾馬が一つあり、言い伝えでは、帝君が乗り、大変豊かな特色がある。"章于天"と"穆清資始"は乾隆帝が作った題である。庭園の設計中、万寿山の西の麓の宿雲檐の城門に帝王が祭られており、東の麓には文昌君が祭られている。

皇室専属庭園 | 87

▲文昌閣

▲廓如亭

▼十七孔橋

　広々としている昆明湖に位置する十七孔橋は、全体の橋の長さ150m、広さ8m、橋の下に17つの空洞が形成されているため十七孔橋と呼ぶ。園内で最も大きい石橋である。西は南湖島につながり、東には廓如亭がある。東堤と南湖島の間をまたぎ、南湖島に行く唯一の通り道で、しかも湖区で重要な名所である。十七孔橋にある額は、清乾隆帝の著作

である。橋の南端には"修蝀淩波"の四文字が横に連なり刻まれてあり、十七孔橋は虹のようで、昆明湖の青い波の上の空に架かるようだと意味している。

　橋の北端には"霊鼍偃月"という四文字が横に連なり刻まれてあり、十七孔橋を水中の霊獣、水中に半月が横倒れているようだということを比喩している。橋の北端のもう片方の掛け軸には"虹石梁に臥し岸が風を引き絶えずに吹き、波蘭槳を回し影が明月を翻りまた空に照らす"と書いてあった。この橋の風景は、優雅で静かな夜の遊観は更に人々たちを楽しませた。石橋の両側の手すりには、大小異なる大きさで彫刻されてあり、様々な石獅が544個もある。二つの橋の端には石で彫られた獣があり、とても生き生きしている。造型が美しい十七孔橋は、昆明湖の水面に分かれ、前湖は眼底の広々とした印象で、この橋の取り除きに加わった。

　昆明湖は南北向きの長堤で東西二つの部分に分かれていて、東は水域が広々としていて、南湖島は昆明湖の前湖を統轄している。西は水域が小さく、狭く長い水域の間にまた一つの短堤が二つに分かれている。藻鑑堂島と治鏡閣島に分かれて統轄した。この長堤は西湖の蘇堤と白堤を模範して設計し、堤には大量の桃柳を植えて更に六つの橋を建てた。この六つの橋は北から南まで順番に界湖橋、豳風橋、玉帯橋、鏡橋、練橋、柳橋がある。これらの亭の橋の多くは石レンガで造られており、中間には方孔、わきには圓孔、上には橋亭建ててある。

　玉帯橋のアーチが高く、両側には石の欄干が穏やかで可愛らしい形態で、円形のアーチが高く、下は船で通ることができる。清朝帝が船に乗り昆明湖の玉泉山の水路の大通りを行き来する事で、独特の地位を表した。西堤にはこのような形態と異なり、位置が異なる橋は西堤の景観を豊富にし、同時に頤和園の空間順序の最も素晴らしい地点であることを示した。要するに、界湖橋から玉帯橋を西に眺め、見渡す限り芰荷や川柳があり、西山を眺めるまで、景観は自然のままの趣があり、遠く眺め

皇室専属庭園 | 89

▲西堤の春色
▼頤和園の東堤と西堤、南湖島

ることに適している。玉帯橋から柳橋まで、西側には耕織図景区があり水路網が主であり、東側には昆明湖の前湖が大規模で壮大である。更に讃者は、この堤は庭園の景色を転換する嘉例で足を運び観賞するだけでなく、同時に併せて水利として使えると言った。

　六橋を取り壊し、練橋と柳橋の間に、西堤の主な建築の景明楼がある。景明楼は乾隆十五年（1750年）に建て始め、主楼と二つの配楼で組成

▲界湖橋

▲玉帯橋

▲柳橋

皇室専属庭園 | 91

▲鏡橋

▲練橋

▼豳風橋

▼西堤から東に見た万寿山

▲景明楼1

▲景明楼2

▲水天一色の横額

されている。乾隆帝は"景明"の二文字の楼名を使い、範仲淹は傑作の『岳陽楼記』を採用した。："春と景明は、穏やかで、上下天光で、青緑が沢山ある。"一方でこの楼は桃柳を植えた西堤に位置しており、"柳が緑色に茂り、花が赤色に咲く"の春と美しい景色があり、昆明湖の水面の気象を使い、景観の主旨を示した。もう一方は『岳陽楼記』の警句を借りて"天下の憂いを誰よりも先に心配し、天下の楽なことを皆より後に味わう"という意味で、道徳の注意を促した。

　以上の三つの大きな区域を除き、皇室専属庭園の集大成者として、頤和園の中にも基準がある。このような小園は一般的に独立性が強い特徴がある。一方で、小園の周辺には屋敷を取り囲む塀を使い、含蓄を強調する空間の雰囲気である。もう一方では造園方法の内外の強調がお互いに関係している。このような造園の過程で、意識的に内外を区別し、また互いに繋がりあう処理方式は人に内外空間の尽きることのない感覚を与える。頤和園にはいくつもの小園がある。例えば、賑春園、揚仁風などがあり、その中で最も著名であるのは諧趣園である。

　諧趣園は万寿山の東の麓に位置しており、原名は"恵山園"であった。乾隆帝が无錫寄暢園を模倣し建てた小園である。全園の宮は西向きで、

皇室専属庭園 | 93

▲諧趣園の宮門
▼諧趣園の西北側

▲諧趣園の鳥瞰図

▲諧趣園の知魚橋

▲諧趣園の澹碧斎

　全ての庭園の平面分布は、頤和園の分布は同じ構想であり、山は北にあり水は南にあるのが特徴である。園の池は後溪河北を導入し、山の地勢により水の溜まっている所に流れ、池沿いの四辺に知春亭、引鏡亭、洗

▲諧趣園の湛清軒

▲諧趣園の廊下

▼諧趣園の蘭亭

▼諧趣園の瀾亭横額

　秋軒、飲緑亭、澹碧斎、知春堂、涵遠堂などの亭台楼閣を置き、知魚橋、廊下を引き立たせ、建築の形式と構成が豊富で、飲緑亭と洗秋軒があり、この二つの建築は池がかね尺形で曲がり角に位置しており、視線は広々としている。澄爽斎、涵遠堂の二面の景色は、空間構想は豊富で、ゆらゆらとして澄みきった池を俯瞰し、遊魚は心が穏やかで満ち足りている。北岸を見上げると、西岸は松林が雲のような霞がかかっている。

　池の東、北、西岸まで迂回すると観賞でき、それらは全て中心の位置にあり、尺度に相応しく、まるで絵のようである。諧趣園北部の山間地帯は万寿山の支脈上に石畳みがあり、ここには涵遠堂が分布されている。同様に山の地勢により建築尺度が小さい湛清軒があり、山の地勢によって玉琴峡の自然が落ち、山石の林と泉の清幽と園内前湖の広々としてい

▲太極トポロジー図

▶頤和園の全景

る対比が形成された。

　要するに、頤和園全体を分布し太極トポロジー図と見ることができる。一方で、この図式は簡単に虚実の互生と見ることができ、直接的に頤和園の全体の分布から読み取れる。北側の万寿山は、高くそびえ立っており、水流は山の後方まで取り囲み、清らかで静かな曲折で形成された後渓河は、南側の昆明湖の水面が煙ったように波立ち広々としていて、湖にはまた南湖島、冶鏡閣島、藻鑑堂島などの多くの島があり、山に水を形成し、水中に山の大きな造りがある。もう一方で、この図は万物も自己の否定の道理を含むため深く理解する事ができ、それによって、それぞれの名所地の相対性で展示する事ができた。例えば、諧趣園とその後ろの清漪園は関連していて、また独立性のある水の名所と山の名所の対比である。要するに、園内の全ての景色はきめ細かく、向かい合っている二つの部分を分け、この中で最も大きな原因は当然庭園の面白さを増加するためであるが、その中でも宋以来の新しい儒家が宇宙の認知と解釈が含まれている。邵雍の宇宙が発生している中で、"一変而二，二変而四，三変而八卦成矣。四変而十有六，五変而三十有二，六変則六十四卦備矣"、という記述がある。

　さらに言うと、万物は自己の否定が含まれており、これらの否定を通

▲元人江の天楼閣の図

▲西堤を東から眺めた仏香閣

して階層進化の方式で参与全体の生生隆転の過程に加わった。これは頤和園の空間構図が他の庭園と比べられない完全性の主要原因である。乾隆帝のかつて作った詩『邵窩』に、"邵窩本以肖蘇門，佳処曾経織百源"の句があり、頤和園からすると、前山の西区東側の邵の窪みに位置しており、この庭園の構想の主旨よりも、乾隆帝と職人たちが中国文化に浸

▲十七孔橋の全景

▼東堤の銅牛　　　　　　　▼西堤から遠く眺めた玉峰塔

潤し、造園の運用にした方が良い。
　頤和園は中国庭園の集大成者として哲学関連の分布を除去し、更には内面化な中国人文の心情の審美表現がある。このような審美表現は歴史と人文関係または美と真、善の間の取捨選択をした。唐以来、山水は中国文人の生活の中で地位を発揮するほど重要になり、更に詩や絵などの密接処合で、互いに融合し審美に形成された。庭園は建築、詩、絵などそれぞれの芸術形式の総合体として、他の造景は人文心情と特殊審美作用の結果である。また、頤和園昆明湖の前湖は山水が壮大で、後溪河は奥深くひっそりと静かで、鳳凰墩の水面は広く、耕織図の風景は静かで、内面化が分別されるのは煙ったように波立っている遠くの広い水面が雄大で美しく光り輝き、平たくて広々としている湖山、桃の花が流れる山

▲鳳凰墩と玉峰塔

▼鳳凰墩

▲黄公望『富春山居の図』　▲耕織図1

　林で世間を避けて隠れ住む人生理想、鶏と犬が互いに鳴く自由そのままの農村のためである。このような背景があることで、庭園ははるか遠く、

▲耕織図の石碑　　　▲蚕神廟

▼耕織図2　　　　　▼耕織図3

　壮大で、曲がり続け、精巧であることが本当の渾然一体となっている。
　万寿山の前山はこの一片の前湖の水域を昆明湖の最も広い場所のため統轄しており、湖は高大であり平穏で、華麗で壮大な仏香閣とその間の大小の建築物は飾りをつけ更に広大で、壮大であることを示した。南湖島の涵虚堂から北向きに眺めると、仏香閣は高大であり平穏で、万寿山の道勧は不揃いで、亭台楼閣の鮮やかな緑をしている間に雄然とそびえ立ち、華麗で広大な逆さまに映った青緑色の波の像は、まるで凍った魄と蟾の宮の画面のようである。万寿山の前山の完璧な気迫を表している。園沿いの東の道から北に曲がり十七孔橋をまた南湖岸を向くと、仏香閣

▲水村居

　の視野から消え、西側の玉泉塔の影を眺めることができる。この水域は鳳凰墩が統轄している。鳳凰墩は昆明湖の小さな島に位置しており、島は水面上に孤立している、山に登るには船で渡るしか方法はなく、川に臨むことができる。この水域の湖は東岸にあり西向きに囲まれ、西堤には区別があり狭く長く変化する。東側の景観台から西向きに眺めると、鳳凰墩は西堤の二水中に近づき、水面は更に狭くなる。そよ風が吹くと、柳の糸が傾倒し、流水の流れが小島の西向きの北の山の間に曲がり入った。その後、八重山、玉峰塔の影が遠くの方に映るようになった。有如大河の流れが勢い良く真っ直ぐに遠い山の間の方へ流れていった。また造景は真実性と芸術性の完璧な結合にたどり着いた。夕日と夕日の光は、水面または小船があり、全ての場所を眼で眺め、人に西施の遠い過ぎ去った世間を思い出させた。ここの名所は黄公望の『富春山居図』と比較して、思いを寄せ、静寂で高貴な真意である。

　北西沿いの西堤北上まで、西側に水路が更に曲がりくねっており、玉河水があり、園の北西から園内に入るまで、この一帯の稲田の水の風景は今なお最初の村と野原の景色を保ち続けて乾隆帝が地安門付近に位置する織染局全てが玉帯橋の北西の稲田と隣接している場所に移動し、澄鮮堂、延賞斎、蚕神廟、水村居などの建築を設立し、耕作と養蚕の思想

▲西堤古柳

▲後渓河1

▲後渓河2

と庭園建設の密接結合は、芸術視覚の耕織図のような経典の歴史名所を創造した。その後ここは何度か損壊し、2003年に北京市公園管理センターが再び景区の修復を行った。

　この地帯は水路が縦横無尽に交差しており、岸を挟んで桃の花が明るく輝き、緑の柳が風になびいて、籬茅屋はその間を引き立てあっている。見上げると西山が望め、見下ろすと碧の水が悠然としており、その間に桑の木が広く植えてあり、稲田が星のように散りばめてある。春は桃の花は岸を挟み、真夏はハスの花の香りが漂う。菖蒲芦で水鳥が遊び、男耕女織の田園の景色が浮かぶ。夕日が西に沈むと、路地にいる牛や羊は緩やかに歩き、農夫は鋤を持ち帰宅し、遠くから来た客は桑や麻で雑談

▲ 蘇州街1

　をする。これはすなわち優美な閑話桑麻の図である。そればかりか、旅行客も湖から意図して憧れの田園に住みたくなるのである。
　万寿山の西の麓の水域は前湖と後湖の間の過渡が繋がっている所で、北に舟で行くと、新月の"小西涼"に東西の航路を分ける様子になり、東側の航路から後渓河に入ることができる。後渓河は万寿山の後ろに位置し、東西の山麓の赤霞、貝闕城関の外にある。河の北岸に北宮壁が接近し、河道を掘る際にわざわざ宮壁周辺に土石を積み重ね、土石の上に大量の草木を植えた。この区域は中でも白松が多数を占め、姿は端正で気品のある偉丈夫のようである。多くの楓の木が水面に深く入り込んでおり、その姿はしとやかで、幽邃の雰囲気が現れている。この河は1000m近くの航路を広げており、平坦な地帯が水面を緩め、高く切り立った崖にぶつかり収縮している。それぞれ余ったノード棚が小さな橋を形成し、6つの切れ目に航路が分かれており、後渓河景区の興趣性が増え、河の南北にある両側の山麓の上に小さな建築群の、買売街、澹寧堂などを散りばめレイアウトした。
　買売街は後渓河の真ん中の区域にあり、又の名を"蘇州街"、全長270mの東西の両端に"雲輝"城関と"通雲"城関に分けた。この街は江南の典型的な水郷の町の設計を真似しており、建築規模は精巧で、多様な風格で、静寂な後渓河が増えたために生き生きとした雰囲気があ

▲蘇州街2

る。唐代の詩人、王維は『青渓』で"言入黄花川，毎逐青渓水。随山 将万輪，趣途無百里。声喧乱石中，色静深松里。漾漾泛菱荇，澄澄映葭葦。我心素已閑，清川澹如此。請留盤石上，垂釣将已矣。"という詩があり、この詩の中の場所と後渓河がほとんど一致し、静けさと騒がしさ、穏やかさと活発さ、が一つの空間で取り巻く様子を余すところなく静寂で質素に描写が展開されている。

　要するに、頤和園の山水、草木、亭台楼閣などの建設は、中国古代の宇宙と人生の深い思考及び芸術の元で再現されている。それとこの広々とした風格と精妙な風景はこの庭園を中国の庭園ないし世界の庭園の模範となっている。流れが繋がっている庭園の中で景色が尽きることなく変化し、春夏秋冬で景色が全く違い、詩や絵のような情趣がある。蘇軾は詩の中で"静は全ての動作をお終わらせ、空はあらゆるものを納める場所である。"と述べており、見た山が泰然自若で、水が平穏で、悠然

な湖は雰囲気があり、宇宙との関係、古今の繋がりを意味し、観客、旅行者とこの湖の本物の主人の人生を互いに照らす。

円明園

円明園は北京の北西郊外に位置し、雄大で美しい皇宮庭園である。咸豊10年（1860年）イギリスとフランスの侵略軍に略奪され、焼き払われた後、破壊を受け続け、今では一部が遺跡として残っている。

17世紀中期、清王朝が都を北京と定めた初め、山海関以外の地から来た満州族の統治者は北京の燃えるように熱い夏に慣れず、北京北西郊外遠くに西山の障害があり、近くには泉があり、加えて江南水郷の美しさと手のついてない北方山林があり、これまでずっと帝王と帝王の親族や公爵が作ってきた庭園の名所であったため、康熙帝は北京の北西郊外に広々と皇帝の庭園をつくった。円明園は清朝の雍正帝、乾隆帝、嘉慶帝、道光帝、咸豊帝の5代皇帝に渡る130年余りの間、多くの巧みな職人を使い、大量の銀を消費し、350ヘクタールを占める大型の御苑の運営に夢中になった。円明園の旺盛期、円明、長春、綺春という3つの接する園を総称して円明園という。それはかつてその広大な土地、傑出した造園芸術、美しい建築、豊富な文化を以ってして突出した政治的地位を世に知らしめた。円明園は我が中国数千年の歴史の古典的造園芸術の集大成であり、中国庭園史上極めて重要な地位であるだけでなく、世界の庭園史上でも非常に名声が高く、「万園の園」、「東のベルサイユ宮殿」などと言われた。

咸豊10年（1860年）10月、英仏侵略軍は円明園を根こそぎ略奪し、焼き払った。光緒26年（1900年）、八か国連合軍が北京に攻め入り、兵の強盗、管園宦官等の火打ちをされた。それ以後円明園はまた官僚、軍閥、土地侵略の長期破壊や窃盗に遭い、最後に一面の廃墟に成り果て

▲円明園三園復元図

た。
　『円明園遺跡公園計画』に基づき、国家文化財局の承認を経て、2001年に北京市文化財研究所は北京市文化財局、円明園管理所の依頼を受け、経堂遺跡、長春園宮門区を含めた、全面的な考古発掘を進めた。2003年9月経堂遺跡本体の補修工事が完了した。2008年から長春園宮門の補修を始め、2009年9月29日、長春園宮門は正式に公開された。
　2004年、北京市文化財局は「円明園遺跡西部補修工事」を進めた。西部補修工事は九州景区の回復を基本として、杏花春館、坦坦蕩蕩、上下天光、万方安和などの遺跡建築を整備し、如意橋、南大橋、棕亭橋の3つの橋を元の場所に補修し、2008年7月29日、円明園の九州景区を一般公開した。
　2002年、円明園正覚寺は北京市文化財局の応急保護リストに追加された。翌年10月、不安定な骨組みの基礎補修を終え、2010年10月8日、正覚寺本体の補修が完了した。

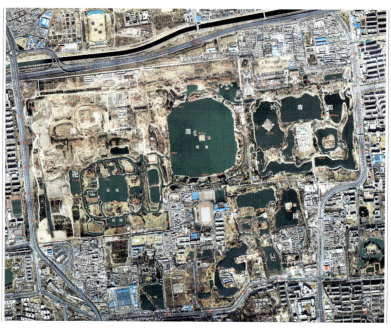
▲円明園遺跡の航空写真

　2010年10月、円明園は国家文化財局により国家考古遺跡公園と公布され、これがきっかけとなり、円明園は五ヵ年計画の期間で『円明園遺跡保護計画概要と全体保護計画』の編集を完成させ、全園の考古実地調査を続け、重点遺跡、区域の考古発掘工作を始め、比較的整った遺跡保護管理と展示体系を仮確立し、円明園遺跡本体と環境全体の保護を改善し、徐々に歴史景観を回復させ、円明園文化遺産展示の科学技術革新が実現し、貴重な人類文化遺産保護、伝承、利用、発展を成功させた。
　円明園は康熙46年（1707年）に建て始められ、康熙帝の第4子の胤シン(のちの雍正帝)に園を授け、当時は後湖周辺の自然景観を主とし、建築物は多くなかった。雍正帝の即位後、円明園は帝王御苑となり、そ

の基礎の上に拡張していった。円明園の南端に政務を行う部署を増設すると同時に、庭園の範囲拡大をして 28 景が完成し、円明園は個人的な庭園から皇帝の庭園へと変わった。この時の円明園は「その華やかさを尊ばず、素朴を尊び、その富を称えず、その静かさを称えた」。雍正帝は九州清晏殿で逝去し、乾隆元年（1736 年）、乾隆帝が即位すると、その安定した政治情勢と豊かな財力に基づき、円明園の増築、補修工事を行い、華やかなものにしていった。乾隆帝は早くに方壺勝境、涵虚朗鑑、彙芳書院、鴻慈永祜などを増築し、円明園の 40 景をつくりあげ、さらに乾隆 10 年（1745 年に政権を返した後のため、円明園の東側に建設を始めた（後の長春園）。長春園は西洋楼景区と呼ばれる、括澹懐堂、含経堂など中国式建築と西洋建築が組み合わさってできた建築がある。乾隆 30 年（1765 年）後、熙春園、春和園などいくつかの個人庭園をまとめ、綺春園と定めた。円明園の造園様式も康熙、雍正時代の間の簡潔さを尊重し、素朴なものから複雑、豪華なものに変え、繁栄の時代をとにかく際立たせようとした。嘉慶帝は円明三園をさらに完璧に仕上げ、綺春園の重点建設をし、円明三園の全体建設を完成し、これで円明園に 100 以上の景観スポットをつくった。道光、咸豊の両王朝では園内部分の景観スポットの修繕と再建築をした。

　円明園全体の構成は中国大陸の西高東低、東に流れる河川、西陸東海の地形を模倣して構成されている。南に 5 つの空間をもつ円明園前の湖は、中国の燕山の南五大空間の濃縮である。後湖の 9 島の平面構成は「天円地方」と「普天の下（天下のもの）、王土に非ざるは莫く（すべてが帝王の領土であり）、率土の濱（支配地のすべて）、王臣に非ざるは莫し（帝王の家来である）」の構想の模倣である。全園の人工山は人工的に積み上げられた山で、起伏が続き、樹木が生い茂り、庭園の建築物同士を隔て、取り囲み、庭園の情趣を引き立たせている。「大地の脈、咸祖崑崙」の模倣と自然の利は大きいという理論の体現である。その他に円明園の中には高い山は無いが、西に向かって、西山、玉泉山、

▲『四宜書屋図』一部分（唐岱、沈源乾隆九年絵『円明園四十景』より）
▼紫碧山房遺跡

　万寿山の景色は己のために利用し、園内の高い山がない不足を補い、人々に山々の連なりや層が織りなす、はっきりした空間の景色を見せる。園

皇室専属庭園

▲『碧桐書院図』一部分（唐岱、沈源乾隆九年絵『円明園四十景』より）

▲『杏花春館図』（唐岱、沈源乾隆九年絵『円明園四十景』より）

▲『武陵春色図』（唐岱、沈源乾隆九年絵『円明園四十景』より）

▲『西峰秀色図』（唐岱、沈源乾隆九年絵『円明園四十景』より）

全体では5200畝（1畝＝666.7㎡）以上あり、全体、各部を構成している山と川、橋とトンネル、亭と土台、景色と院は厳密な構想と精深な文化の体現であるのだ。

　円明園のその姿は中国古代庭園芸術の集大成であり、平地にできた造園の傑作であると同時に、造園芸術の神髄である。北西に山がたち、南東に水が流れる。自然な地勢の低さを利用し、湖を掘って山をたて、豊富な変化、多様な風格、尽きることのない全体が統一された自然空間を創造し、園内の山は約250あり、高さは一般的に10m以下だが、どれも連なりは途絶えず、圧巻であり、庭園景観の重要な一部である。

　園内は水景色をテーマとし、それは総面積の40％を占め、大、中、小の水が連なって湖をつくりだしている。水と山がそれぞれ形態の異なる特別な庭園空間を生み出し、ぼんやりした煙水、変化に豊富な長江の風光を芸術的に再現している。山には脈があり、水には源があり、円明園の限りない景観をつくりだしている。中国伝統造園芸術の中には畳山理水の手法が徹底的に取り組まれているのだ。

　円明園の規模は大きく、さまざまな絶景を集めた園である。園内には100以上の庭園景観があるが、同じ景観は一つとしてない。これらの庭園景観は江南の有名な園を模倣しているもの（杭州西湖の10景、蘇州の獅子林など）もあれば、古代の名家の詩情を模写したもの（杏花春館は唐の詩人杜牧の『清明』、武陵春色は陶淵明の『桃花源記』に書かれていた芸術世界をそれぞれ参考に建てた）や、中国伝統の儒教、仏教、道教の思想と自然風景をもとに構成し、庭園景観をつくったもの（西峰秀色は廬山の境地、蓬島瑶台は古い伝説の三仙山の金銀宮殿がもとになって建てられた）などがある。これらの景観は山や水に囲まれ、江南庭園の魅力に近く、人を魅了する効果があるだけでなく、北側の皇宮庭園は規模が大きく、光り輝いているように感じる。

　円明園には100の庭園風景が集まり、建築面積は20万㎡近くある。建築の種類は、殿、堂、軒、館、楼、閣、庁、台榭、亭、橋と複雑で、

皇室専属庭園 | 111

▲『万方安和図』（唐岱、沈源乾隆九年絵『円明園四十景』より）

あるべきものは全てある。神殿以外の建築の外観は素朴だが優美であり、色絵が少し描かれてあり、周りの自然環境としっかりと調和している。建築物は平面配置と外観造形において宮殿式建築を用い、活発で多彩な非常に珍しい建築形式を創り出す。したがって、それらは唯一無二であるといえる。屋根の形式には廡殿、入母屋造、硬山造、切妻造、巻棚造などがあり、平面配置は対象の中に変化を追い求め、工、田、卍の字や、

▲円明園・万方安和遺跡

三日月などの形がある。
　例えば万方安和は、湖の中にあり、卍の字形を表している。33個の部屋があり、その形が特殊あるため、四季を通して過ごしやすい住居である。彙芳書院の全景は3つの湖、2つの小さな島（陸地）に分けられている。東側の平面は三日月の形を表している「眉月軒」は水の中に伸び、水景色を観賞できる場所である。方壺勝境の建築の台座には炭酸カルシウムが用いられ、水の上に建っている。洞天深処は、真ん中を軸に左右が対象になるように構成され、年功序列を適用し、封建的な宗教の居住需要をはっきりと分ける。円明園の各景観の中で建築構成、点景、眺め、借景の橋、亭、廟を用い、人々の足を止めさせる。これらの建築は巧妙で調和がとれていて、この煌びやかな皇宮庭園をつくりだしている。
　円明三園の中には珍しい花が非常に多く、植物景観は豊富で、言葉が出ないほど美しく、北方の各種の花木だけには留まらず、江南、塞北、

▲『彙芳書院図』(唐岱、沈源乾隆九年絵『円明園四十景』より)

▲『洞天深処図』(唐岱、沈源乾隆九年絵『円明園四十景』より)

▲『方壺勝境図』一部分(唐岱、沈源乾隆九年絵『円明園四十景』より)

西ウイグル及び南アジアの多くの植物を導入している。植物配置の方法は相当に研究され、最も大きい特徴は景色のために簡単で、それぞれ特色をもっていることが分かっている。例えば九州景区の九州清晏は青松を中心に、槐、楓、紅杏等がある。鏤月開雲(旧名：牡丹台)は、数百

▲單孔残橋遺跡

の色とりどりの牡丹が植えてあり、さらに青松、青竹がある。天然図画は竹と桐が互いに映えさせていて、白モクレンが満開に咲いている。碧桐書院は青桐を植え、高尚で優雅で、高潔という意味を持つ。杏花春館には銀杏がいっぱいに植えられている。;慈雲普護にはフジが植えられている。後湖の周りには紅の桃の花と緑鮮やかな柳でいっぱいである。福海景区の植物配置もまた相当な工夫がなされ、君子軒は青竹を主としている。廓然大公は茂松で有名である。深柳読書堂の柳の影は深く趣がある。渓月松風は青松が生い茂り、観瀾堂にはデインツリーが植えられ、前には竹が植えられている。平湖秋月は松で覆われ、古柏が岸にそびえ立ち、粉荷が咲き、竹の間から春の光が漏れている。別有洞天は松や花が穏やかに揺れ、フジが垂れかかり、竹が生い茂っている。福海の周りには柳の葉が静かに揺れ、桃の木が赤くなっている。含経堂の三友軒は

▲『鏤月開雲図』一部分（唐岱、沈源乾隆九年絵『円明園四十景』より）

◀『天然図画図』一部分（唐岱、沈源乾隆九年絵『円明園四十景』より）

屋外に松、竹、梅が植えられ、「寒さに動じない３つの友」の意味を表している。

　庭園北側にこのように多くの珍しい草花、銘木が植えられているのは円明園の庭園芸術の成果である。これらはお互いに植物景観を引き立てて、動物と景観が融合し、岸辺にビャクシ、水辺にフジバカマが咲き、鳥がさえずり、花が咲く。

　雍正から咸豊の間、円明園は遊びと休息の場所というだけでなく、皇帝の政務処理と様々な政治活動を行う場所でもあり、紫禁城の他の国家統治において最も重要な場所であった。その中の王朝寝室の建設は五帝の主要な政治活動と生活場所のためにあった。明三園の中でそれは円明園を主に円、雍正時代の初めに多く建てられた。長春園と綺春園の中にも王朝寝室の補助的な部分があり、乾隆帝と嘉慶帝のために建てられ、また、道光帝の時に増設された。円明園で最も重要な王朝建築は王朝の儀式を行う「正大光明」と東側の「勤政親賢」であり、皇帝の日常の政務を行う場所であった。「後寝」は後部の「九州清宴」の主要建築であり、

▲『正大光明図』(唐岱、沈源乾隆九年絵『円明園四十景』より)

　その次に、長春仙館、山高水長、洞天深処などの場所があげられる。
　正大光明は円明園南側の正宮門に向かって位置している大宮門の内側で、「円明園四十景」の第一景であり、雍正３年（1725年）に建てられた。正大光明殿は円明園の正役所で、７部屋分の広さ、３部屋分の奥行きがあり、高い台座の上に建設され、殿前の対の屋が東西に各５部屋分あり、朝会と重大な慶典の場所であり、皇宮の太和殿、保和殿の機

皇室専属庭園

▲円明園正大光明殿と寿山遺跡　　　　▲円明園・勤政親賢遺跡
▼『勤政親賢図』（唐岱、沈源乾隆九年絵『円明園四十景』より）

▲『上下天光図』（唐岱、沈源乾隆九年絵『円明園四十景』より）

能と類似している。

　九州景区は宮廷区の真北に位置し、後湖の9個の小島を取り囲み、九州清宴の東から北あるいは西には、鏤月開雲、天然図画、碧桐書院、慈雲普護、上下天光、杏花春館、坦坦蕩蕩、茹古涵今などといった様々な建物がある。

　九州清宴は9個の小島の中で最も面積が大きく、諸島の中心に位置し、

皇室専属庭園 | 119

▲円明園・上下天光遺跡　　　　　　▲円明園・坦坦蕩蕩の金魚池遺跡
▼『坦坦蕩蕩図』(唐岱、沈源乾隆九年絵『円明園四十景』より)

▲『九州清晏図』(唐岱、沈源乾隆九年絵『円明園四十景』より) ▲正覚寺

　円明園四十景の中の一つである。それは康熙帝の後に建て始められ、雍正の初めに皇帝の寝殿区として増築され、周りが水に囲まれていたため、橋や船を用いて行き来をした。九州清宴は大きく、中央、東、西の三線に分けられ、三線の間にいくつかの庭がある。中線には南から北へ円明園殿、奉三無私殿、九州清宴が順に並んでいる。

　円明園にはいくつかの宗教建築、祭神建築があり、皇帝に仕えた後、お香をあげ仏様を拝むことで彼らの精神を満足させる。ここには慈雲普護があるだけでなく、日天琳宇、舎衛城仏寺、斗壇、広育宮、花神殿と皇帝に関する祭祀、龍王の殿堂などがあり、そのため乾隆は「どうして国土と霊山を分け、それを美しく名園と飾るのか」と言い、国土と霊山の神仏を皇宮庭園に招いた。雍正時代の初めには澗閣、仏楼、仙香苑、仏城があり、乾隆時代に到達すると、慈雲普護、日天琳宇、月地雲居、これらを改名し、その他にも舎衛城、広育宮、花神殿、劉猛将軍殿を改名した。長春園において、また、法慧寺、宝相寺が新しく建てられ、綺春園の塀外には正覚寺などが建てられた。それ以外の多くの建物の中にはまだ仏堂が無かった。

▲『碧桐書院図』(唐岱、沈源乾隆九年絵『円明園四十景』より)　▲文源閣石碑(中国国家図書館文津街分館院に現存する)

　舎衛城は円明園において最大規模の宗教建築であり、円明園四十景の一つである坐石臨流に所属し、外側には城壁があり、内部は3つに分けられ、中央の主殿に寿国寿民殿があり、その殿の後ろには仁慈殿、そのまた後ろに普福宮がある。

　清時代の前期の帝王は文化を比較的に重視し、円明園の中にも一連の文閣書院を建てた。特に乾隆帝は生涯本を読むことを好んだため、いたるところに本屋があることを望んだ。雍正時代には碧桐書院、四宜書屋を建て、乾隆7年(1742年)に彙芳書院を建て、乾隆40年(1775年)には文源閣の記録として『四庫全書』を書き、長春園の記録として『四庫全書薈要』を出した。その他三園の各景観はいまだ多くの本屋や書室には売られていない。

　円明園の文源閣は寧波の天一閣を模倣して建てられ、蔵書閣、宮門、碑亭、趣亭、月台(宮殿の正殿の前に張り出し、三方に階段があり、手

▲『坐石臨流図』一部分（唐岱、沈源乾隆九年絵『円明園四十景』より）

▲『蓬島瑶台図』（唐岱、沈源乾隆九年絵『円明園四十景』より）

▼円明園・福海3島

すりのついた台）などを含み、

　閣の前庭には池や築山などがある。文源閣は6部屋前後の廊形式を採用している二階建ての建物であり、屋根は黒い琉璃瓦で淵は緑色で、防火の意味がある。文源閣には『四庫全書』が収蔵されている。

　歴代の帝王は「蓬莱山、方丈、瀛台」を仙境の象徴とし、宮廷に模倣

皇室専属庭園 | 123

▲『方壺勝境図』(唐岱、沈源乾隆九年絵『円明園四十景』より)

して建て、不老不死の精神安定を得た。雍正時代に円明園最大の面積を誇る福海は蓬莱陸をつくりだし、後に蓬島瑶台（仙人のいるところ）と改名した。福海の形は正方形に近く、長さは縦横それぞれ500 m以上ある。湖の中心には3つの島があり、真ん中は主島、残り2つは互いに補助しあっている。乾隆帝は『蓬莱瑶台詩序』でこのように述べている「福海の中に3つの島を作り、李思訓が描いた、仙山楼閣（仙境）の形をし

▲円明園・方壺勝境遺跡

ている。金堂五か所、玉楼を眺める。」乾隆時代にはまた、福海の北東に円明園の中で比較的大きく、色彩も豊かな建築を建設した。方壺勝境は9個の楼閣と3個の亭榭(ていしゃ)があり、美しい色の琉璃を使用して装飾し、仙山にある華麗な宮殿の非凡な気象を表している。乾隆帝は「始皇帝は海上に求めたが、仙人はもともと人の世に存在する」と言った。

　江南の美しい景色は乾隆帝にとって魅力に溢れ、乾隆16年（1751年）の初めに行なわれた南部視察の前に、「西湖十景」の名称を円明園の中の風景の命名に採用した。南部視察の時、乾隆帝は絵師に彼の想像する庭園を描くことを要求し、持ち帰って北京で模倣して建設をした。円明園の中で江南の風景を模倣している建築は非常に多い。例えば、長春園は南京の「瞻園(せんえん)」を模倣して「如園」を建て、蘇州の「獅

▲『曲院風荷図』（唐岱、沈源乾隆九年絵『円明園四十景』より）　▲円明園・三潭映月遺跡

▼獅子林の「水関」遺跡

子林」を模倣して「獅子林」を建て、杭州の「小有天園」を模倣して「思永齋」などを建てた。まさに「誰が江南風景は美しいと言ったのか、それらは人々の心に深く刻まれるものである」この詩の通りである。

西洋楼は長春園の最北部の細長い帯域内に位置し、「├─」の形を表し、10以上の西洋建築と噴水及び庭園作品で構成されている。主要な建築は西から東に向かって諧奇趣、黄花陣、養雀籠、方外観、五竹亭、海晏堂、遠瀛観、大水法、観水法、綫法山、綫法画などがあり、総面積は7万㎡を占め、乾隆12年（1747年）に建て始められ、乾隆48年（1783年）

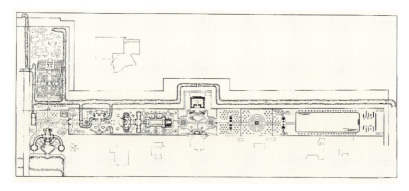

▲西洋楼平面図
▼西洋楼の海晏堂西側の銅製の印刷版

▲西洋楼海晏堂遺跡
▼西洋楼の銅製の印刷版・正面から見た遠瀛観

に完成し、清朝に仕えるイタリア人の宣教師郎世寧（Giuseppe Castiglione）、フランスの宣教師蔣友仁（P. Benoist Michel）などが設計し、中国の職人が建築した西洋楼景区の建築構成は、欧州の典型的ないくつ

▲西洋楼の遠瀛観遺跡

▼西洋楼の銅製の印刷版・正面から見た大水法

かの平面構成を取り入れ、建築様式と外部の装飾は 18 世紀に欧州で最も流行ったスタイルのものであるが、一部分は中国の伝統文化を考慮し、屋根様式は長春園全体の庭園効果を考慮している。西洋楼は 18 世紀西

皇室専属庭園 | 129

▲西洋楼の大水法遺跡
▼上から見下ろす遠瀛観遺跡、大水法

洋とアジアの融合された傑作であり、西洋建築と造園芸術を皇宮庭園に初めに導入したことを表している。

▲西洋建築物の観水法遺跡　　　　　　　▲大水法遺跡細部の彫刻
▼西洋楼海晏堂遺跡の一部　　　　　　　▼西洋楼の方外観遺跡

▲諧奇趣イオニア式の柱　　　　　　　　▲西洋楼の黄花陣迷宮

　円明園は山と水の骨組み、画意を園に取り組み、建築や景色と景観建築を巧妙に構成し、念入りに木や草花を配置し、一連の色鮮やかな庭園空間を創り出し、多くの景色を形成し、全体をさらに統一、繋ぎ合わせ、滞りなく一気に仕上げ、情緒あふれる中国の古代建築芸術と庭園芸術の

▲海晏堂噴水池の貝殻の石彫刻　▲綺春園の鑑碧亭
▼別有洞天活画舫基座

集大成であり、中華民族の光輝く文化の結晶である。乾隆帝は「規模が広大で、奥深く静かな、風土や草木が清らかで美しく、高層の密室の備えがあり、最高のものを堪能できる。天宝の地霊の場でありながら、帝王の憩いの場でもあり、これを超えるものはない。」と円明園を称えた。フランスの大文豪の雨果（Victor Hugo）は円明園とアテネのパルテノン神殿を芸術の代表と称え、円明園を「極めて少ない、類いない傑作であるだけでなく、幻想芸術の崇高な模範である。」と称えた。一代の名園である円明園は劫火によって壊されたものの、全ての造園芸術の規範にふさわしいと言える。

自家庭園

　北京の自家庭園は明清時代に多く建てられ、200か所余りあり、王府庭園と功績のある皇帝の母や妻の親戚の別荘が主で、その面積は小さいが、しかし主人の思想品位と審美趣旨を体現した。ものものしい封建制度の下、北京の自家庭園は皇宮庭園のように広大さを持つことは不可能であり、山に生きた水を与え、縦横に開閉し、乾いた平地や空間に変化を与える努力をし、景色を一変させ、一目ではすべてが見通せないようなその味わいを創り上げた。現在北京に保存されている自家庭園は約400か所あり、什刹海、東四、海淀西郊外の一帯に比較的良い状態で保存されている。

恭王府庭園

　恭王府庭園は西城区柳蔭街甲14号に位置していて、北京で現存している最も美しい花園の一つである。
　もともと恭王府は乾隆帝時代の大学士である、和珅（わしん）の邸宅であった。嘉慶4年（1799年）に和珅は自殺を余儀なくされ、その後邸宅にはどの役人も入らず、嘉慶帝は弟である慶傳親王にその邸宅を授けた。咸豊2年、恭親王、奕訢（えききん）がその邸宅の所有者になり、恭王府と名付けた。その後すぐに、奕訢は邸宅の後ろ側を花園に造り直し、現在の花園が出来上がった。中華民国建国後、奕訢の孫である溥偉が王府及び花園を継ぎ、兄弟2人に西什庫教堂を担保として与え、1937年に恭王府邸の門外の倒座という家屋と反対側の家屋の内側の木の階段を取り壊し、さらに花園の北西の角の花洞と花の神殿を2階建てに改修した。1982年に恭王

自家庭園 | 133

▲恭王府の雪景色

府及び花園は国務院に重要保護文化財に認定された。2004年から2008年の5年間で、北京市政府は花園と恭王府の補強工事行い、全体の一般公開を実現し、中国の王府博物館のひとつとなった。

　恭王府は花園と邸宅の2つから成り、基本的には乾隆帝時代の構成を維持している。中央、東、西の3部分で構成された平面的なレイアウトで、土地面積は6万平方メートルに及ぶ。花園は「萃錦園」と呼ばれ、恭王府の北側に位置し、邸宅との間には両側に塀がある狭い道よって隔てられている。

　庭園の中の主な入口は清代の終わりごろ西洋風のアーチ状の門が流行し、これは庭園の非常に貴重なものの一つであり、通称「西洋門」で、

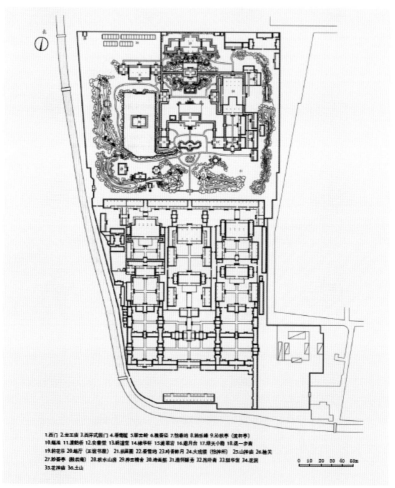

▲恭王府の平面図（『北京自家庭園記』より）

その門は漢白玉を使用した門で、北京で現存する最も重量のある西洋門である。その造形はバロック式を採用していて、円明園の大水法建築を模倣し、彫刻の装飾には細やかで美しい伝統の草花柄を採用していて、

中国と西洋の調和がとれ、建築文化遺産でごく稀な作品である。門の外側には「静含太古（静かな環境で古風で質朴）」、内側には「秀挹恒春（景色が春を感じさせる）」と彫刻されてあり、騒がしさを取り除けば古風な静けさがあり、園に満ちた春の美しい風景の色は境地に永遠と滞在し続けている。門内の道は途切れることのない築山の石道が続き、見上げれば「奥深い蛇行道」が広がり、左手には「垂青樾」が見え、右手には「翠雲嶺」が望める。道を歩けば、柱に似た形の太湖石、5mの高さがある石、青く色艶がある石が一面に広がり、選りすぐりの太湖石が目に留まる。「独楽峰」またの名は「福石」といい、障壁の作用があるだけでなく、独楽峰の風景に一味加えるものでもある。

　独楽峰の東側には沁秋亭があり、亭内は水路のような設計で、詩人がその形を模倣して遊ぶ場所である。

　石峰の後ろには池があり、池の平面形状はコウモリが飛び立つような形になっていて、コウモリ池と呼ばれている。池の後ろ側には大広間の「安善堂」があり、その東には「明道堂」、西側には「棣華軒」がある。

　安善堂の後ろには正方形の池があり、その前方には「滴翠岩」が高くそびえ、神棚のような形をし、その中には洞窟と小さい池がある。その洞窟の中には康熙帝の御題の「福」の字の石碑がはめ込んであり、とても貴重で、縁起がいいという意味をもち、王府庭園のとても貴重なものの一つである。築山の上には3つの部屋があり、名を「邀月」といい、中秋節に月を眺め、両側には山を登り、東と西の廡屋に向かうつなぎ廊下がある。

　中道の最後には大広間があり、名を「正誼本屋」といい、5部屋分の広さがあり、前後にひさしがついていて、東西の両側に小部屋があり、平面でみるとコウモリに似ているため、「蝠廳（コウモリ部屋）」と呼ばれている。　蝠廳の建築は竹模様の色絵が施されていて、かなり珍しい。萃錦園には「福」の文字が多く隠されている景観がある。前にはコウモリ池があり、後ろにはコウモリ部屋があり、中には康熙帝の「福」の石

▲庭園西洋門の入口

▼独楽峰

▼沁秋亭

▲蝠池、安善堂
▼滴翠岩

碑がある。独楽峰は別名「福来峰」と呼ばれ、東の道の庭には万蝠流雲の絵が施してある。広間は福の字をもってして、数えきれないほどの命名を受けたが、人々はこの園を「万福園」と呼ぶ。

　東の道の正門は垂花門で、東の下屋には香雪塢、西の下屋には明道齋という建物がある。北には大戯楼があり、懸山式建築を採用し、大戯楼

▲東北側から見た蝠廳

▼蝠廳の前に出た廂

▼蝠廳の竹絵の模様

は恭王府でとても貴重なものであり、それは中国で現存する唯一の王府戯楼で、同治帝時代（1862－1874年）、恭王府はその親類が観劇する場所であり、建築面積は685㎡、壮大で勢いに溢れていた。そこで茶を嗜み、観劇をし、人々に懐古の楽しみを与えた。閉鎖的な構造の大戯楼は、良い響きの効果を与えた。舞台正面には、「賞心楽事（心で伸びやかに

▲大戯楼の中
▼大戯楼の一角　　　　　　　　　　　▼詩画舫

楽しむ)」と書かれている。

　庭園西側の道の正門はアーチ型になっていて、名前は「楡関」という。関壁には姫垣があり、壁の両端には青石という建築材料が使われていて、楡関を抜けると、「秋水山屋」「妙香亭」「養雲精舎」などの建物がある。

　さらに北に進むと比較的大きな正方形の池があり、その中心には陸地として使われている船の「詩画舫」があり、その建築形式は歇山式を採用している。池の北側には5部屋分の大広間である「澄懐擷秀」があり、西には「韜華館」、東には「抱朴齋」がある。西の道を進むと南北に向かって土山があり、楡関から澄懐擷秀に至るまで伸びている。東の道を進むと青石でできた築山があり、正門から入って東に曲がり北に進むと、大

▲庭園内の竹林

▲詩画舫の東長廊下

戯楼の東側にたどり着く。庭園を囲む壁はレンガを積み上げて築いている。

　恭王府の全体設計構造は厳格で非常に趣がある。雰囲気は荘厳華麗で、園内には綺麗な花木が植えられていて、景色もよく、奥深くひっそりしていて、長廊下は園を突き抜け、園内には様々な場所に石の築山があり、巧みに配置されていて味わいがあり、水が清らかに流れ、情緒があり奥深い。庭園の3つの道筋は、はっきりしていて、それぞれ特徴がある。東の道には主に建築物があり、中央の道には主に建築物と山池があり、西の道には主に水池と築山がある。

　　園の中央の道は山石の間を通っていて、小道の両側には多くの花木が植えられている。築山は青石、太湖石、土山に分けられ、それぞれの姿がある。滴翠岩は美しく優雅で、中には山洞、池があり、さらに奥深い。東西の両側の築山は土山が主で、青石で装飾されており、素朴な形で、蛇行しているため限りなく続いているかのようである。垂青樾と翠雲嶺の上下には青石を積み上げて築いていて、しっかりと建っている。3種の築山ははっきりと区別されていて、互いに呼応しあい、石と石の間に

▲石筍

▲庭園内中道の池

▼庭園内の登り廊下

松が生え、植物が茂り、ユニークな風景である。
　庭園の主な水景は中道のコウモリ池、滴翠岩前の小池と渡鵲橋を渡ったその先の西の大池があり、この3つの池は同じような形をし、池の岸は太湖石を積み上げて作ってあり、庭園の建築、築山、花木の要素はお互いに呼応しあっている。

園内に咲く花木の品種は非常に豊富で、異なる景観を生み出している。園の南端の築山にはチョウジの花が植えられ、その前に植えられている桃の花が互いを引き立てあっている。南東部には一つの菜園がある。樵香園には土山、緑がある。自然の野原が広がり、垂青樾の築山には槐や様々な草花が植えられていて、緑の木陰があり、夏には納涼もできる。西の道を進んだ池の北岸には「花月玲瓏」があり、主にカイドウの花が植えられ、池付近には美しく垂れさがる柳が目に留まり、園内全景の雰囲気を盛り立てる。

　庭園はたたずまいを強調する観念が現存し、園門から北に向かって、大広間や築山、水池ははっきりした園の軸を形成し、東西ふたつの道に2本の軸線が増やされ、3つの平行な軸線が形成され、その様子は広大である。庭園は土山が取り囲み、落ち着いた空気が流れている。園内の建築の規模は比較的大きく、長廊下、城関、流杯亭などの景観式建築があり、これは福を誘い込む意味を持ち、水池、築山及び平面形式の建築はコウモリの形になるようにすべて考慮して建てられている。「蝠廳、蝠池、蝠山」の建設も同治、光緒時代の貴族の造園手法の一つである。

醇親王府庭園

　醇親王府庭園は西城区什刹海後海北沿46号に位置していて、もともと溥儀の父親である載ホウの王府庭園であった。

　醇親王府庭園のすぐ隣東側屋敷の西道、西の住宅の東側は西庭園と呼ばれ、庭園近くには馬小屋や醇賢親王の祠と先祖を祭る祠堂の龍華寺などがある。

　醇親王府と呼ばれる前は康熙時代の大学士であった納蘭明珠の庭園で、後に成親王の永瑆のものとなった。

　納蘭明珠（1634－1708年）は、満州の正黄旗に所属する人だった。

 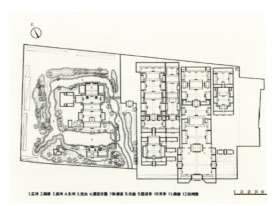

▲納蘭性徳の画像　　▲醇親王府の復元図(『北京自家庭園記』より)

　康熙3年（1664年）に政府の役職に就き、康熙16年（1677年）武英殿大学士兼礼部の尚書という官職に昇進し、加えて太子太傅の官職を授かり、索額図と権力を競った。康熙27年（1688年）納蘭明珠は弾劾され宰相の位を辞職し、康熙47年（1708年）に死去した（享年74歳）。その子である納蘭性徳（1655－1685年）は少年ながら聡明で、読んだ本は暗唱し、流鏑馬ができ、書道、絵画、文学において非常に優れていた。『通志堂集』や『水亭雑識』などを遺した。『渌水亭集』の中で「石段の先に2本の明開夜合の木が華麗に咲き誇っている。雨が降ったり、晴れたり、不確実な雰囲気も穏やかである。」と明珠の庭園について言っている。乾隆60年（1795年）に明珠は乾隆帝の11番目の子である成親王の永瑆（1752－1823年）に旧宅を授けた。嘉慶時代には例外的に、成親王府は玉河の水を引き入れた。これは清王朝の北京城内の皇宮庭園以外で、玉河の水を引き入れた最初の庭園であった。そのため、永瑆は「恩波亭」を建て、皇帝に感謝の意を表した。

　光緒14年（1888年）、光緒帝の載湉(さいてん)は親政をしていたが、実権は西太后が握っており、西太后はやがて載湉の父である奕譞(えきけん)に醇親王府を

▲奕譞

▲扇子亭

▼暢襟齋

授けた。

　奕譞(えきけん)(1840 − 1891年)は道光7番目の子で、光緒帝の父である。奕譞の死後，その子供である載ホウが二代目醇親王を継ぎ、醇王府を継いだ。載ホウ(1883 − 1951年)は監国摂政王を継いだため、摂政王府と呼ばれるようになる。清王朝の滅亡後、1924年に溥儀は皇居を追い出され、この場所に住むことになった。

　1949年9月、宋慶齢は中国共産党中央委員会の招待を受けて北京に住み、1963年に醇親王府庭園に引っ越す。1982年にこの園は北京宋慶齢故居と改称して、同年に国務院が全国重要保護文化財リストとして公表した。1992年、宋慶齢の誕生100周年を記念し、園内の建築物の全面的な補修工事が行われた。2000年には南楼及び東の長廊下の補修工事が行われ、現在の保存状況は比較的に良好である。

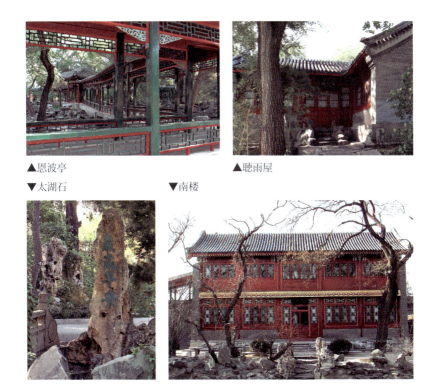

▲恩波亭　　　　　　　　▲聴雨屋
▼太湖石　　　　　　　　▼南楼

　醇親王府庭園の長さは東から西まで170mに及び、南北に180mの長さがある。それは園林式の庭園であり、上品で、王府庭園の構成を留めているだけでなく、西洋の別荘の特徴に溶け込んで、勇ましい中にも奥まった静けさを含んでいて、読書人の品格があふれる芸術的雰囲気を漂わせている。

　庭園内の山と水はお互いに作用しあい、築山が続き、水面は渡り廊下と橋によって4分割され、屋敷はまばらに配置され、亭榭が景色を飾っている。園内の主要な建築は園の中心にあり、水と作用しあっている。大門西側の築山には「扇亭」があり、扁額の「箑（扇子）亭」は醇親王

▲宋慶齢故居

▲益寿堂

奕譞の直筆である。「扇子亭」に沿って北へ進み、湖を越えたら六角亭がある。これは「恩波亭」であり、この亭は成親王の永瑆が皇帝に感謝の意を表すために建てたものである。「恩波亭」の北側に、全園の主要建築として、正堂の「暢襟齋」、東の廂房の「花見室」、西の廂房「聴鸝軒」に分けられる。「暢襟齋」の北に接している二階建ての北楼、その真南の「益寿堂」、「濠梁楽趣」の扁額が飾られている。こうして「日」の字のように1つの空間の中に2つの庭を創り出している。

　園の西側には美しい太湖石があり、題「いつも平安に」を掲げて、その南東の土山に位置する"聴雨屋"は、醇親王のために建てたものである。"聴雨屋"に沿って東から南に向かって湖の南岸まで進み、北に向かって南を背にしている"南楼"が建ててあり、聴雨屋"と"南楼"の扁額は奕譞の6番目の子供の載洵のために書いたものである。

　庭園は一種の立体空間の総合芸術で、樹木や山と水、建築構成と多機能な空間芸術の実体をもってして人工的に構築されている。宋の郭熙は「水は山の血脈、草は毛髪、煙雲は表情である。」と言い、草が毛髪のようであると言ったが、樹木も同じである。醇親王府庭園の植物は槐の木と楡の木が主で、その多くが水辺に沿って植えられ、まっすぐに高く伸びている。園内の草花には海棠、白モクレンなどがある。南楼前は夜合

▲鳳凰国槐

▲渡り廊下

　の木が盛んで、納蘭性徳が自らの手で植えたと言い伝えられている。中楼の南側の芝生には古槐が植えられ、その頭は巨大な傘のようで、木陰は100坪にも広がる。芝生の片側には2本の大きな海棠の木があり、元は醇親王府内の植物で、春に開花し、秋には実をつける。

　庭園の実景は山と水に重点を置き、山石と水の融合は美しい世界を織りなす。「山は貴重で脈があり、水は貴重で限りがあり、脈は繋がっていて、園が生き生きしている」、醇親王府庭園の山や水は最も特色があり、園は山に囲まれ、山は水を包み込み、水の上にも建築がある。全体を見渡せば山が連なり、水面が広がり、建築が浮き出ている。江南庭園を歩くと美しく精巧で異なった景色は少ないが、しかし湖に架かる橋、隔てる渡り廊下があり、今もなお現存し、北方庭園の雰囲気も加えている。

　園内の建築構成に適した条件を探し、環境を十分に利用し、最も美しい視線と景観場所を選び、「扇子亭」と「聴雨屋」のように、高いところから遠くの後海の景色を見渡せる、ほどの、さらに「南楼」のように、園すべての景色を余すことなく目に収め、西山の景色を一望することができて、さらに後海の蓮華を観賞することができ、その他の自家庭園はこれらに到底及ばないだろう。園内の主要建築は厳密な中軸線があるにも関わらず、湖が囲い、中軸線は行進する主なルートではなく、人々に

▲恩波亭、長廊下及び南楼
▼剣石　　　　　　　　▼山を登る渡り廊下

中軸の対象を気づかせない。庭園内の建築は巻棚屋根を多く採用し、軽やかな曲線輪郭をもってして、厳密でややこしくない建築で、互いに補完しあいよりよくなって、江南庭園の精巧で細密で、また北方庭園の大気は失われない。それは貴重な北方庭園の傑作である。

涛貝勒府庭園

涛貝勒府庭園は西城区定阜大街の北側、柳蔭街の西側に位置している。

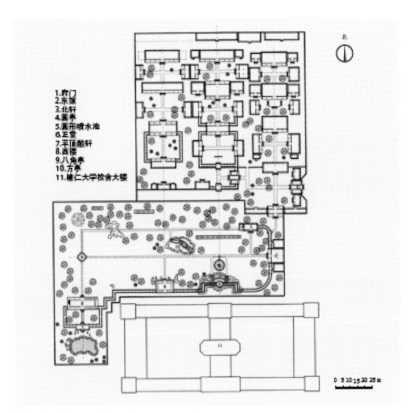

▲涛貝勒府及び庭園の図（『北京自家庭園記』より）

　載涛（1888－1970年）は清代末期に貝勒という爵位につき、醇親王奕譞の7番目の子供であり、醇親王と摂政載ホウの7番目の弟子で、奕譞と群王奕詥の貝子を継いで、二等鎮国将軍、補国公に初めて封ぜられ、貝勒を継ぎ、群王啣の称号も与えられた。1864年にこの府は奕詥に贈られ、後に貝勒載澄が継承する。光緒28年（1902年）に載涛は貝勒の爵位を継ぎ、この府に引っ越した。この府は載涛が最も長く住んだ所であり、以前は「涛貝勒府」と呼ばれていた。20世紀初め、載涛

▲涛貝勒府庭園の旧写真　　　　　▲青石假山

　は庭園部分の改修工事を進め、西洋の造園技術を取り入れ、独特な雰囲気を持つ庭園に仕上げた。1925 年に載涛はこの庭園を離れ、ローマ法王庁にそれを貸し出し、輔仁大学を準備して、1927 年以後、天主宣教師がそれを"司祭庭園"に改称した。1930 年に庭園南部馬小屋の跡地に古風な輔仁大学の新館を設立した。王府の庭園部分は輔仁大学に割り当てられ、1995 年、輔仁大学は北京市人民政府によって北京市保護文化財対象に認められた。2008 年には庭園の全面的な改修工事が行われた。

　涛貝勒府は北側の屋敷と南側の庭園に分けられ、南を向いて北を背にし、建築保存状態は比較的整っている。屋敷は東、中央、西の３つに分けられ、その構成は厳密である。庭園は約 15 畝の面積を占め、長方形型である。園内の建築物間は渡り廊下及びワンタン型渡り廊下が連なっている。庭園の真ん中の緩い傾斜の上に方亭が現存し、園の西北部は比較的に広々とし、西側には八角亭が建てられ、亭の北側には池が広がり、青石が積み立てられた石洞がある，南西には渡り廊下が取り囲む別の庭があり、広間前及び園内には湖石、石筍及び怪石が等しく並び、草木とお互いに引き立てあっている。

　涛貝勒府庭園は広いが、建築物は少なく、その上基本的に園の塀に沿って配置されているため、園の中央は広々としている。園内の渡り廊下は

白家庭園 | 151

▲竹林　　　　　　　　　　　▲渡り廊下
▼北院正堂　　　　　　　　　▼八角亭

▲西楼の南側にある小さい院の一　▲西楼の南側にある小さい院の二

蛇のように曲がりくねり、東側はアーチ型の平面を採用していて、南側は築山の地勢に沿って渡り廊下を作っていて、その間には楼、堂、亭、館、軒が連なり、変化に富む。園内3つの亭は正方形、円形、八角形に分け

▲南の院の平らな屋根の長廊下

▲西楼及び楼前の湖石

▼亭を登る石階段　　　　▼円亭と渡り廊下と築山及び池

られている。平らな屋根の大きい部屋があり、屋敷の輪郭に変化を与えている。園内全ての建築物の柱は緑の塗料で装飾してあり、門や窓、それらの上部に渡した横木、腰掛などの外部装飾には自然な木の色を使っていて、邸宅の建築物は綺麗に塗装してはっきりと区分している。渡り廊下の上の横木と腰掛の格子は特製の花の模様を採用していて、一般的な装飾とは異なっている。

　園内の築山は円亭を主とし、平面的でコウモリの形を表し、福を呼び込むという意味がある。亭北側の湖石の山は、精巧で美しく、上は2，3個の石筍で飾り付けしてあり、内側は左右2つの山洞があり、石の多い

▲円亭、渡り廊下及び築山

　小道があり登ることができる。湖石の北側には円形の小さい池があり、池の真ん中にひとつの湖石があり、その上には青銅のキューピッド像の噴水がある（現在は無くなっている）。亭南側には青石の山が険しく切り立ち、北側の鮮明な造りと対比していて、亭の廊下を境とし、同一の築山は２つの完全に異なる景観を形成している。広間と楼閣の前は姿かたちのそれぞれ異なる景石で飾りつけをし、主要なものがはっきりとし、巧みに配置されており味わいがある。園内の花木の種類は非常に多く、特に楼前の柳、海棠及び別の場所の槐は絶景を生み出している。
　園内の建築物の形式は多様で、花木及び積み上げられた築山は自由に散在しているが巧みに配置され味わいがあり、建築装飾は中国式の模様で、その上一般的な伝統の中庭のある邸宅とは異なり、西洋式の噴水はその中に融け込み、中国と西洋の調和の建造手法を充分に体現している。

可園

　可園は東城区帽胡同7号、9号に位置し、そこは清代晩期の大学士であった文煜の邸宅の庭園であった。

　文煜の邸宅は帽子胡同7号の東西院と9号院、11号院、13号院も含まれる。その中の7号と9号は庭園で11号と13号は邸宅である。

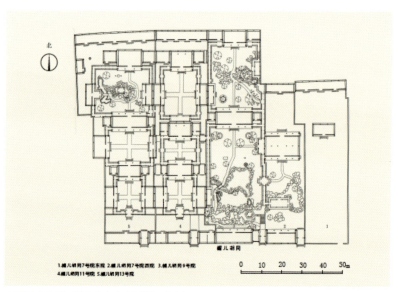

▲可園全体図（『北京自家庭園記』より）

　文煜（？－1884年）は満州の正藍旗の人で、氏を費莫、字を星岩といい、刑部侍郎、直隷の覇昌道、四川按察使、江寧布政使、山東巡撫、直隷の総督などの要職を歴任し、その後一度免職になったこともあった。それは可園内の文煜の従孫記と園記の石碑で知ることができ、可園は咸豊11年（1861年）に建てられ、文煜が直隷の総督を任された時に建

▲前院の正面図(『北京自家庭園記』より)

てたものである。咸豊13年(1864年)に文煜は福州将軍、刑部尚書、総管内務府大臣を歴任し、光緒7年(1881年)に協弁大学士、光緒10年(1884年)に武英殿大学士を歴任し、同じ年に病死し、死後も皇太子から恩恵を授かった。文煜の死後、この邸宅は北洋政府の重要人物である馮国璋に売られ、日本の傀儡政権の時期に傀儡軍司令官の張蘭峰に渡した。

　中華人民共和国成立後、文煜の邸宅はいくつかに分けられ、その中の9号と11号は、かつて朝鮮大使館として使われた。2001年に国務院は可園を全国重要保護文化財対象にした。

　　可園の面積は大きくなく、園は前後2つの院で分けられ、前院は池が中心で、後院は築山が中心になっていて、それぞれが独立し、東側の渡

▲石橋

▲前院の六角亭

り廊下によって繋がっている。

　可園の入口は 9 号院の南東に位置している。前院の門を入り、東側の道を進むと竹が互いを引き立てあう築山があり、その南には曲がりくねった小道があり、突き当りを北西に向かって進むと山洞と石があって、そこには「通幽」の 2 文字が刻まれている。山洞を抜けると急に明るくなり、庭いっぱいに花草が広がり、2 つの栗石の内路地が取り囲んでいて、北部屋に向かう道と東の廊軒に向かう道に分けられている。アーチ状の橋を渡り右に進むと、別の築山がある。山頂には六角亭があり、蘇州式の装飾がしてあり、東側の築山には高く広い軒がある。北側には小さな池があり、その形は歪で、2 つの支流を引き出し、1 つは石橋の下を通り、西側の院まで流れ、もう 1 つは南の六角亭まで流れていて、山や石と共鳴している。前院の 5 部屋はで、左右には各 3 部屋あり、東側は渡り廊

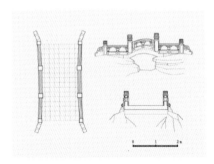
▲石橋の平面図、正面図、断面図（『北京自家庭園記』より）

▲後院の母屋の正面図（『北京自家庭園記』より）

下が貫通し、東の廂房は方亭に位置している。渡り廊下から後院に行くと、八角半亭が見える。園内は石や日陰、尖った石などで松や槐の木陰の間を引き立たせている。園名記と園記には「可園」と刻まれた碑文があり、剣石の下にはめ込まれている。

　後院の北側は5部屋分の広さがあり、南側の廊下と北側のひさしの母屋がある。院の東側の築山の上に東西に広い軒が一つあり、歇山式屋頂の屋根で、園内で最も高く、この場所は園全体の美しい景色を見下ろすことができる。

　可園は小さな自家庭園の規範である。その造園は土地、配置、建築、山と水、花木、飾りを選んで造られていて、典型的な北方の自家庭園の特色を持つ、典型的な清代の官僚邸宅である。

　可園は皇城東北の角に位置し、地勢は平坦で水は少なく、狭くて長く、その上独立した土地を選んでいるが、その配置に無駄は無く、亭台水亭の景色に等しい。可園全体の建築は中軸がはっきりしているが、東西の廂房とは完全に対称である。前後の院の母屋は東西の渡り廊下によって貫かれている。建築は一般の屋根造りではなく、巻棚屋根を採用していて、灰色の丸瓦に覆われ、北方の自家庭園の特色に合っている。

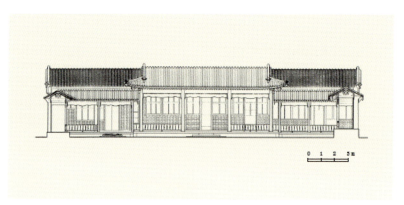

▲後院の母屋の正面図(『北京自家庭園記』より)

▼後院の東部軒館の正面図(『北京自家庭園記』より)

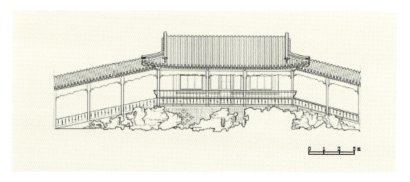

　可園の花木の種類は比較的多くない。植物は高木が主で、アカマツが多数を占める。前院の母屋前は2本の松の木が対称に植えられ、築山の湖石の周りには棗や桑、槐、チョウジの木などが植えられている。これらの木は園全体にも植えられ、建築物とお互いに引き立てあっている。

　この他に、園内の扁額にもこの園の造園の重要なポイントが刻まれていて、園主の文化教養を反映しているだけでなく、庭園の風景を装飾している。可園の名は山石の上にあり、園主の謙遜を反映している。前院

▲前院の方亭

▲後院の母屋

▼後院の軒及び亭

▼後院の軒

の母屋の掛札に「風雨最難佳客至、湖山端頼主人賢」と書いてある。この言葉は清の時代の孫星衍の「莫放春秋佳日過，最難風雨故人来（時間を無駄にせず、今の時を大切にし、得難いのは風や雨の中で訪れてくれる友だ）」という意味で、唐時代の劉禹錫が書いた『陋室銘』の中には「山不在高，有仙則名；水不在深、有龍則霊。斯是陋室、惟吾徳馨。（山は高ければよいのではなく、仙人が住んで初めて名山となり、水は深ければよいのではなく、龍が住んで初めて聖なる場所となる。私の住む部屋は小さいが、私は極めて徳が高い。)」と書いてある。この掛札の言葉には客人を歓迎する意味と、主人を賛美する意味が込められている。

馬輝堂庭園

　馬輝堂庭園は東城区魏家胡同 18 号に位置し、清代の有名な建築家である馬輝堂の住宅であった。

　馬輝堂庭園は 1915 年に建てられ、馬輝堂本人によって設計された。庭園になる前は伝統演劇を披露する場であったが一度焼かれてしまい、後に馬輝堂が購入し、頤和園を修理した際に余ったもので建てた。その年、魏家胡同は馬家庭園、馬家祠堂、馬輝堂の数人の女の邸宅、馬車院などほとんどの場所が使われた。1984 年には、馬輝堂庭園は北京市東城区人民政府が東城区の保護文化財対象に加えた。

　馬輝堂、本名は文盛で字は輝堂、1870 年に生まれ、1939 年に亡くなり、原籍は河北省深県博陵群にあった。馬家は明朝から皇宮建設と王府及び

▲馬輝堂庭園復元平面図（『北京自家庭園記』より）

▲東の道にある母屋　　▲東の道にある東廂房

　皇宮庭園の大木工場造営を請け、恒茂木工場を経営した、清代晩期の古代庭園建築造営の名家であり、頤和園の建造にも参画した。
　馬輝堂庭園の大門は南に向かって開き、家屋は北に向かって建っていて、その面積は4500㎡を占め、庭園と邸宅は並んで関係し、園は西で、宅は東にある。
　庭園の入口は北面の日没側にあり、全ての邸宅の西側は庭園で、中央部分は馬輝堂の住宅である。住宅部分は東西に並列した２つの四合院で、渡り廊下が連なっていて、住宅と戯楼の間を花草や山と石で飾り、調和・統一されたように見える。
　馬輝堂庭園は清朝滅亡後に建てたものだが、園主はその一切の建設を商人に委ねた。
　他の自家庭園と同様に、この庭園の建築物の屋根は民間で多く使われている瓦を使用している。
　庭園部分は馬輝堂邸宅の重要部分で、建設家の非常に優れた造園技術を体現し、園主は自分の建設したこの園を南北の造園の長所と兼ね、皇宮庭園の風格があるだけでなく、江南庭園の山と池に重きを置く美しさに溶け込んでいる。
　庭園全体の配置は決して規則正しくはなく、大門西側には門番の部屋と車庫があり、東側には宝物庫がある。門を入ると真っ先に延々と続く

▲歇山広間

▲三巻勾連搭寝室

築山が目に入り、豊かな生気や景色をいったん遮る効果がある。南に進むと、北部最大の築山があり、その上には灰色の丸瓦の歇山広間があり、四方を渡り廊下で囲まれている。西側には福の神殿があり、西を向いていて、中には福の神の父とされる趙公元帥が祀られている。

　園を西に進み、歇山広間南西の角の渡り廊下に沿って行くと、北に向いて南を背にしている3つの連なった建築を観ることができ、この家屋は馬輝堂本人の寝室である。その前には広い軒があり、後ろには廂が出ている。室内の絵画彫刻は非常に美しい。東部の軒から出て、南に進むと小道に取り囲まれた築山と池があり、築山の南西方向、つまり園の南西の角に、小道に沿って行くと、曲がり角に補助部屋がある。補助部屋の東側には、渡り廊下によって3つの不規則な空間を切り出していて、二巻広間の惜陰軒がある。惜陰軒はその名の通り、光陰を惜しむという意味がある。惜陰軒の周りは渡り廊下によって囲まれ、その前園も同じである。最も南に位置するこの空間は園の中心で、園最大の池（月牙河）があり、半月のような形をしていて、西は正方形の井戸小屋と接している。月牙河の中には手に籠を持った仙女がいて、非常に美しい。月牙河の東に5部屋分の広さを持つ広間があり、この広間は東向きで、前には湖石が立っている。広間の真南、即ち園の最も南に3部屋分の書斎があ

◀二巻広間の惜陰軒

り、南に向いている。この広間の中には大工の開祖である魯班が祀られている。南院の東側渡り廊下の北上沿って、北側の渡り廊下は隔てられ、別の小さな院に進入し、園内にはひとつの池があり、名を「影池」といい、その池の中には猿の石彫刻の噴水があり、その周辺は山や石に囲まれている。ゆっくり歩いてここに至り、そこにはまた別の景色がある。この園の北側に接する一番奥の建物は、馬家の邸宅に通じていて、恐らく当時、馬家の妻はここから庭園に入っていた可能性が高い。

　馬輝堂庭園の造園レベルはその他の京城庭園に比べて独特な風格持っている。庭園は山を連ねて水が流れ、馬家庭園の山は名家の手にかかり、これは馬輝堂本人の庭園方面の造詣に由来し、また、彼やそれらの造園職人は代々の交際のためや、さらに馬家庭園の材料はすべて皇宮庭園の余りを使用している。彼はその生涯を庭園の感得に傾け、質素あるいは落ち着いた雰囲気の邸宅を自身で建造した。

　馬輝堂庭園は築山に石を置くことを重視しているだけでなく、水の配置を更に重視している。院内には３つの池があり、当時の北京の宅園の中では非常に珍しいものであった。その中の月牙河は井戸小屋の井戸水

から引いており、影池と築山の下の水は全て引水である。ここで取り上げるべきは池の中の石彫刻で、まるで中国と西洋建築の神髄の結合であるかのように、当時の造営巨匠の造園手法上ではすでに西洋建築の風格の融合が体現されていて、設計構想上は、控えめすぎることはない。現在では園内の水景色はもうない。

　馬輝堂は庭園内の生態の調和を非常に重視していた。まず、大門から入るとヒサギの木が立派にそびえ立っている。園内にはまだ槐の木、銀杏、楡の木、海棠、チョウジ、牡丹などが植えられている。花木の他には、池の中に多くの金魚がいて、池の中を自由に泳ぎ回っている。鳥の鳴き声は園全体に格別に盛んな生気と活力を生み出している。

　庭園の建築配置は、決して伝統的な北京庭園のようなはっきりとした中軸はなく、庭園部分は精巧で奇抜な、江南庭園に似た美しさがある。この他に、庭園の屋敷の部分は非常に新しい意味を持ち、渡り廊下によって隔てられ、さらに築山と池を融合させ、うねうねと屈折し、それぞれの空間にすべて違った良さがあり、人々に一種の江南庭園の美しさを感じさせる。

蓮園

　蓮園は東城区紅岩胡同甲19号に位置し、それは北京旧城が保存する比較的完成されたひとつの自家庭園である。2009年に、北京市東城区人民政府により東城区の保護文化財対象に加えられた。

　蓮園は清末民初に建てられた。『北京現存明清宅園調査報告』によると、蓮園は約3600㎡の面積を占めている。西側には住宅があり、屋敷は北向きに建ち、大門は倒座の東側に位置している。進んでいくと倒座が5部屋、北部屋が3部屋及び東西の脇部屋が各1部屋、東西に下屋が各3部屋ずつある。さらに進むと、北部屋が各3部屋あり、建築物間にはワ

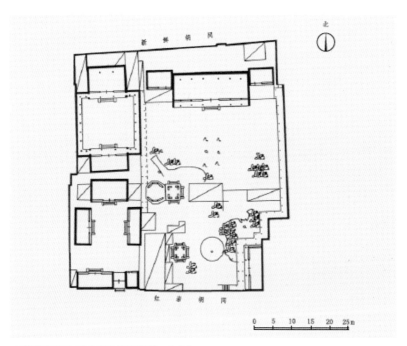

▲蓮園平面図（『北京自家庭園記』より）

ンタン廊下と呼ばれるものがある。邸宅の東側には庭園があり、南北2つの部分に分けられている。庭園は南北に約60mあり、東西には40mの幅がある。園内には巻棚亭がひとつあり、その背は境界壁によりかかり、前には池がある。池辺には精巧に彫られた漢白玉の手すりがあり、槐の木陰が覆い隠し、避暑しながら蓮を眺める場所である。さらに南西に進んだ方向に、漢白玉で作られた橋があり、山石の間に隠れて見えなくなる。南の端には屋根先のとがった正方形の亭がふたつある。築山の上には3つの高殿があり、曲がりくねった渡り廊下によって園の北へと通じている。庭園北部には7部屋分の面積を持つ広間があり、東西に脇部屋が各2部屋ずつついている。東西のワンタン廊下が全園を取り囲み、

▲上から見下ろした蓮園　　▲築山
▼軒と渡り廊下　　　　　　▼軒

南北を貫いている。

　蓮園の住宅部分の構成は明晰に整理され、清代の典型的な伝統の四合院式配置である。庭園部分の配置は無駄がなくコンパクトで、亭や橋、山、池がぴったり配置され、それは清代の北京地区自家庭園の典型的な代表のひとつである。園全体の配置は完璧で、保存状態も比較的よく、一定の保護と観賞の価値がある。

承沢園

　承沢園は海淀区掛甲屯に位置し、南の鴨春園に近く、蔚秀園を東に接

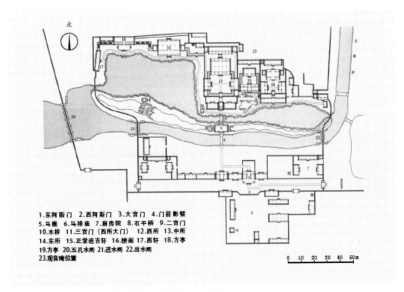

▲承沢園全体平面図（『北京自家庭園記』より）

し、もとは大学士英和の宅園であり、後に寿恩公主と慶親王が所有した。

　道光初年に、協弁大学士、軍機大臣であった英和（1771 － 1840 年）が依緑園（後の承沢園）を建て、後に英和は罪を得て、この園は役人がいなくなった。

　道光 25 年（1845 年）この園は寿恩公主（1830 － 1859 年）に贈られ、公主の死後、再び取り戻された。光緒時代の間、慶親王の奕キョウ（1838 － 1917 年）に贈られた。奕キョウは王朝の重臣になり、権利はしばらく傾きをみせ、王公大臣の多くの歓迎があり、常にこの園で歓迎の宴が開かれていた。咸豊 10 年（1860 年）、光緒 26 年（1900 年）に海淀区一帯の西郊宅園は 2 度の英仏連合による攻撃を受けたが、この園は唯一免れ、今日もほとんど当時の状態のまま保存されている。中華民国の時期には、承沢園は収集家の張伯駒が所得し、その従兄である「洪

▲西道の広間

▲西道の庭園楼閣

憲太子」袁克定が長期に渡って住み、1953 年に張伯駒はこの園を北京大学に売った。1992 年に承沢園は北京市海淀区人民政府によって海淀区の保護文化財リスト対象に加えられ、1998 年に北京大学 100 周年記念を祝って補修工事が行われた。

　承沢園の南部は広々とし、山や水が置かれ、北部は建築を主とした。園の両側の東西に阿斯門があり、中間の南側に目隠し塀が置かれ、北に進んだところに宮門が置かれた。門の後ろには二宮門があり、歇山屋根の猷背を通り、万仙河の上に架かる平橋が前後に接し、水亭のようである。橋の北には広亮門があり、その内側は広さを主とし、垂花門を通った後は二巻正室即ち寿恩公主の寝室があり、他には廂房、脇部屋、後罩部屋などがある。次に東側に進むと、額駙の景寿の住まいがあり、形式は中道と大体一緒である。西道は水景色を主にし、北岸には軒、楼閣及び正堂廸吉軒があり、建築物間は渡り廊下でつながっていて、湖岸には山石や花木が置かれている。

　依緑園を建てる初めの時は、それは平面的で狭く長い自家庭園であり、南は万泉河に面していて、河水に沿って散開して景色が配置された。当時のその承沢園の改築工事後、庭園は南北に縦の幅を広くし、河の中の土山で形成された周りの小島を利用し、景色に奥深さを持たせ、豊富な景色変化のリズムを与えた。南部に添えて府前院、二道宮門、東西の中

▲西道の庭園大広間

▲石に刻まれた承沢園の文字

▼庭園全景

庭が建てられ、穏やかな主軸の作用を突出させ、建築規格は更に高くなり、宗家貴族の皇家の風格を体現した。承沢園を改築する過程の中には万泉河を園に取り入れるものが含まれていて、川水を南北に分けて流し、園内に２つの河を園内に横切らせ、東西に流れ、全園を流れた後にまた合流して東に流れていき、その気勢は非常に珍しいものである。全園の川は３つに分けられ、北河の広さは一様ではなく、西道に湖面を形成し、水を以って制している。南の河道は非常に広く深く、水量も豊富で、一般の自家庭園の河の流れとは大きく異なっている。邸宅の南北に隔てられた岸は互いを眺め、異なる効能区域を自然形成している。中間には狭く長い湖の中島があり、橋、亭台、山石がその間を装飾し、さながら江南の美景のようだ。

この園は高官の自家庭園から公主、親王に贈られた後、家屋の建築が増え、庭園の配置、構成を変化させ、風景を更に豊富にした。その山を連ね、水を整備し、空間配置、土石や花木を置くなどの方法は独特の工夫を巡らし、優れた風格を持ち、それが西郊の著名な庭園になった理由と言えるだろう。

蔚秀園

蔚秀園は北京大学の西門の外に位置している。醇親王奕譞の西郊庭園である。

蔚秀園はもとの名を彩霞園といい、康熙帝の皇子が授かった園である。乾隆、嘉慶の時代に、和親王、齋親王に渡った。道光16年（1836年）に載銓は郡王に封じ、この庭園は定王宅園となり、「含芳園」と改称した。国家図書館に所蔵されている『含芳三分全様』にその規模は「大小合わ

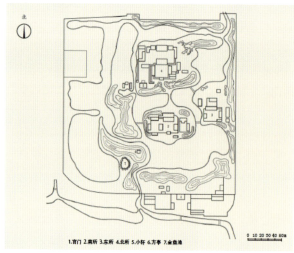

◀蔚秀園全体平面図（『北京自家庭園記』より）

▲雲根と刻まれた石碑　▲石畳の小道
▼出門見喜と刻まれた石碑　▼中路水景

せて168部屋、ベランダ18、舞台1つ、垂花門2つ、渡り廊下53、正方形亭1つ、大門1つ、レンガ門楼1つ、稲の灰置き小屋1つ、井戸3つがある」と記載されている。咸豊9年（1859年）に含芳園は醇親王奕譞に贈られ、園名を「蔚秀園」に改名した。奕譞は7番目の子であったことから、この園は「七爺園」とも呼ばれた。翌年、蔚秀園は北西郊の数多くの庭園と同じく英仏連合軍の酷い破壊に遭った。奕譞はかつて「焼かれて荒れ果てた土地を一から開拓しなければならない」という感

▲方亭

▲軒

傷的な懐かしさがあった。光緒時代、奕譞はこの園の修正を度々行い、「蔚秀園の主人」という称号を自らにつけた。中華民国以後、この園は次第に廃り、1931年に燕京大学が買い付け、1952年には北京大学の従業員宿舎となった。

　蔚秀園は園内に山や水があり、景観は様々な場所に配置され、宮門は南端に位置し、前には万泉河を跨ぐ石橋があり、河水を園内に引き入れている。康熙帝の訪問のため、宮門の両側にはかつて官吏が参内の前に休息に使う部屋が建てられ、これは自家庭園の中でも非常に珍しい。園内の主な建築は3つに分けられ、南所は湖の中島に位置し、3つの道がある。湖の東岸には東所があり、北東の角の築山の上に「紫琳浸月」と刻まれた石碑が今も残っている。北所は庭園北部の島の上に位置し、前には連なる小道があり、小道の両側には土を積んだ障壁があり、南側に「雲根」と刻まれた石碑がある。北所にはふたつの庭があり、回り廊下が屈折し、形式は比較的自由である。南西側に歇山屋根の畝背の軒がひとつあり、これはかつて舞台として使われていた。北所は園内の主要な生活地域で、規模は最も大きいが、石碑と軒の他に保存されている建築は無いに等しい。園内の各島間には石橋が使われ、南西部の土山の上に

別の屋根先のとがった正方形亭があり、その下の南側にはひとつの金魚池がある。

　蔚秀園は現在でも山や水に関しては大体の保存はできていて、北部はすでに住宅地域のために改築され、中部および南部は大広間、廂房、軒、亭、石碑などが保存されている。園内は水島があり、山石が重なり合い、樹木が生い茂っているが、月日が経つにつれてその様子は衰えている。

朗潤園

　朗潤園は海淀区北京大学の北部に位置し、北の万泉河に接し、恭親王奕訢が授かった西郊庭園である。

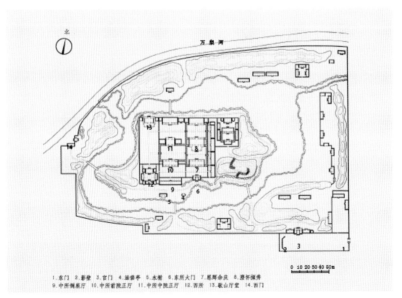

▲朗潤園全体平面図（『北京自家庭園記』より）

▲園門
▼東道北側の楼閣

▲東道の中庭
▼渡り廊下と垂花門

　朗潤園のもとの名は春和園で、乾隆帝17番目の子慶親王永璘の授かった庭園である。道光22年（1842年）に、永璘の孫である奕采の犯した罪で爵位を奪われ、この庭園に役人がいなくなった。咸豊元年（1851年）に、この園は道光帝6番目の子である奕訢に授けられ、更に国庫内帑を使い、修繕工事を進めた。翌年の秋に建設が完成し、咸豊帝がかつてこの地に足を運び、「朗潤園」の名を与えた。新しく改築された朗潤園は全部で家屋が237、渡り廊下34、三孔石橋と正方形亭をそれぞれひとつずつ有している。光緒時代に至るまで、朗潤園は人跡が稀であるほど荒廃していたものを恭親王奕訢が懸命に重ね重ね修繕工事をした。光緒23年（1897年）に西太后と光緒帝がこの園をご覧になられ、扁額と聯を残した。翌年の奕訢の死後、この園は内務府に回収され、頤和園朝会の臣下や官僚たちの面会の場所として使われた。中華民国以後、

▲石橋

▲中道2個目の院の母屋

　この園は清王室が所有した。この園が軍閥破壊されることを恐れたため、溥儀はこの園を載涛に授け、それ以降この園は燕京大学が所有した。中華人民共和国成立後、朗潤園は更に北京大学に拾われ、1995-1997年の3年間で朗潤園の部分的な補修工事が実施された。

　朗潤園は平面的に長方形の形をしていて、8万㎡の面積を占め、北西の角には地勢がアーチ状になる変化を見せる。園壁は青白く、アルカリ気質である。園の南東の隅に街門があり、門内には八の字の目隠し塀があり、北側には宮門があり、朗潤園の扁額がかけられている。宮門から入り、小道に沿って土山を回り、石橋を渡るとそこは即ち建築の主体部分である。主院は島の上にあり、その周りを水に囲まれていて、石橋で湖岸へと渡る。建築は北向きに建ち、主体部分は3つの道に分けられ、中庭を繋げ、構成を整え、さらに廂房は置かれておらず、伸びやかで晴れ晴れとしている。

　東院は3つ目の中庭に入ると、大門があり、両側には石畳を切り出してつくった八の字塀があり、門の上には恭親王によって書かれた「壺天小境」の扁額がある。1個目の院の大広間は「恩輝余慶」の名前があり、2個目の院の母屋は5部屋分の広さがあり、3部屋分の廂が突き出ていて、元の名は「澄懐擷秀」である。3個目の院は後罩部屋で、その東に付属されている院を跨ぎ、各中庭の間を、渡り廊下を使って行き来する。

▲致福軒

▲致福軒の扁額

現在この院は後期に改築された擬古建築に等しい。

　中院には4つの中庭があり、その配置は相対的でまばらである。南側の倒座の元の名は「楽静堂」であった。北側の二道門を抜けると、院内に大広間があり、それがこの園の建築の核心であり、ホール内には道光帝書き残した「楽道書屋」と「正誼書屋」の扁額がある。3つ目の院は回り廊下に取り囲まれ、大広間、東西の脇部屋各3部屋があり、4つ目の院の後罩部屋がある。この院は近年改修された後、ひとつ目の院の倒座を宮門に改築し、3つ目の大広間を5部屋分の広さにし、3部屋分の廂を出し、嘉慶帝の手によって書かれた「致福軒」の扁額をかけた。

　西所をふたつの院に分け、ひとつ目を四合院の配置にし、ふたつ目を比較的広々とさせ、北端に歇山屋根の客間を「益思堂」という名の書斎に建築した。現存する建築は硬山の母屋がある。西所の他、南東側に水亭があり、前に廂が出ている。水亭の東側に正方形亭があり、名を「涵碧亭」という。

　朗潤園の地理条件は優れていて、北は万泉河に接し、その周囲を名園の多くの景色が取り囲んでいる。この園の特色は湖石の築山で、点景形態は非常に多く、空間手法が巧妙である。全園の今日に至るまで嘉慶、道光の基本構成を保存し、建築を山や水の中に置き、高尚で優雅であり、まるで仙境のようだ。

清華園

　清華園は海淀区清華大学の校内にあり、元は清時代の王府庭園の遺跡であった。

　清華園の前身は熙春園で、康熙帝の3番目の子胤祉の授かった庭園であり、康熙帝が多く足を運び、扁額を書いた。乾隆32年（1767年）、熙春園は皇宮庭園の円明園の一部分になった。道光2年（1822年）に熙春園は東と西のふたつに分かれ、道皇帝の二人の弟に分け与えられ、東は熙春園、西は近春園と呼ばれた。咸豊時代の間は東部分の熙春園は清華園と呼ばれた。咸豊10年（1860年）に英仏連合軍が北京に攻め入り、円明園の火はこの場所にも及んだが、両園の被害はそこまで酷くはな

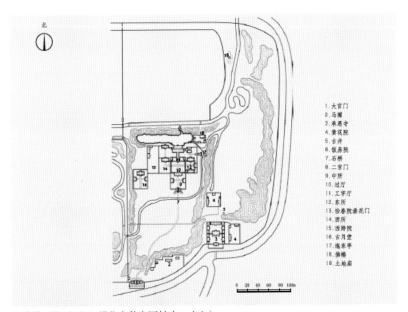

▲清華園総平面図（『北京私家園林志』より）

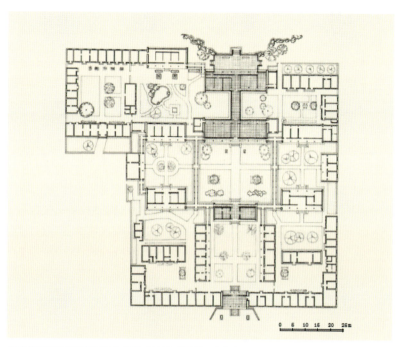

▲清華園工字広間平面図（『北京自家庭園記』より）
▼清華園工字広間前の広間南の正面図、側面図及び断面図（『北京自家庭園記』より）

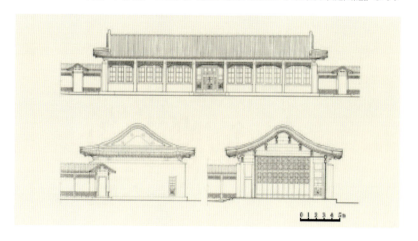

かった。咸豊時代に近春園の建築は取り壊され、円明園の補修工事に使用され、近春園は次第に衰えた。光緒（1901年）に園主の載瀲が義和団を支援した罪で、清華園は清朝廷に没収され、次第に荒廃した。

　光緒34年（1908年）にアメリカ政府は庚子賠款の一部分が返還され、翌年6月に清政府は「游美肄業館（アメリカ留学予備学校）」建設の準備をした。1910年には園内の工字広間と古月堂などの古建築を修理した。1911年に「清華学堂」を改修工事し、1913年に近春園遺跡の西部分を学校範囲に取り込み、1928年に清華大学に改名し、今でもその名が使われている。2000年に清華園は改修工事で一新し、2005年に清華園を含む清華大学全体が国務院によって全国重要文化財保護リストに加えられた。

　清華園内は清代の主体建築、即ち工字広間を保存している。工字広間の前には石橋があり、清華園二宮門を大門とし、その上には咸豊帝が残した「清華園」と書かれた扁額がある。園内は4つの道で構成され、南北にふたつの院があって、前院は狭苦しく、後院は広々としている。その後院の大広間は南北にふたつの7部屋分の広間で構成されており、真ん中に渡り廊下が突き抜け、平面は工の字の形を表しているために、工字広間と呼ばれている。園内は渡り廊下が連なり、山石が広がり、花木が美しく咲き、東西それぞれにひとつ院が置かれ、繋がりを持っている。中華民国の時期にタゴール、染啓超、呉宓などの有名な文化人などがここで寝たとされている。工字広間の西側には古月堂、前には垂花門があり、院内は四合院式の配置で、道光時代に建設された書斎である。

　工字広間の北には池があり、正面からみるとそれは水亭のようになり、前には石手すりの台がついていて、入口の間に「水木清華」の扁額が置かれ、両側には「この地に降り注ぐ光は、春夏秋冬を通して、華麗に変化し、非凡な境地である；窓に映る雲の影は、どこにでもあり、澹蕩を行き来し、そこには仙人が住む」と書いてある聯が飾ってある。池の周りには土の湖石が置かれ、芳草が咲き、景色が美しく、それは朱自清の

▲水木清華の風景

描いた「荷塘月色」の絶景である。池の北岸には朱自清の塑像があり、東岸には「自清亭」という名の四角亭があり、これを記念している。

100年以来、清華校園の建設は続くが、依然として清代の王府庭園の基本構築とその風貌は残っていて、皇宮によって高等学府に変えられ、清華園、清華大学ともに有名になり、溢れる花水木の雰囲気、そこには優れた人物が集まり、繋がりは途絶えない。

楽家庭園

楽家庭園は海淀区蘇州街15号に位置している。もともと清の太祖ヌルハチの次男である礼親王の代善の跡継ぎが改修工事した自家邸宅で、礼親王園と呼ばれていた。中華民国成立初年、庭園は北京同仁堂楽家に

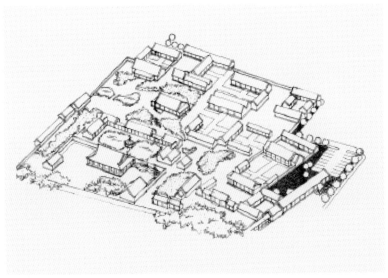

▲上から見下ろした楽家庭園の図(『北京自家庭園記』より)

邸宅として買われたために楽家庭園と呼ばれた。

　代善は明の万暦時代に生まれ(1588年)、ヌルハチの次男であり、その後継ぎが礼親王園を建てた。改修工事の具体的な年代は正確には分かっていない。雍正時代に、曹雪芹の叔父が江寧製織の赤字を理由に家を差し押さえられた。当時の曹雪芹の生活は貧しく、曹雪芹の叔母は礼親王の跡継ぎの納尓蘇王の福晋であり、その子平郡王系の曹雪芹のいとこであったために、曹雪芹は礼親王園に住むことができ、時が経ってから礼親王園は人々から大観園と呼ばれるようになった。咸豊10年(1860年)この園は英仏連合軍の攻撃を受けたが、光緒14年(1888年)前後に再建することができた。この園は中華民国成立初年に北京同仁堂に売られた。1984年に楽家庭園は北京市人民政府に北京市文化財保護リストに加えられた。1998年には、この園の全面的な補修工事が行われた。

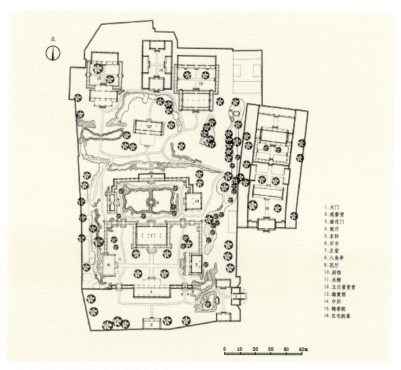

▲楽家庭園の復元平面図（『北京自家庭園記』より）

　楽家庭園は北向きに建ち、平面は不規則な長方形を表し、園全体は邸宅と庭園のふたつの部分に分けられ、東は邸宅、西は庭園である。邸宅部分の面積は庭園部分の面積の4分の1で、4つの屋敷がある。

　庭園は前後ふたつの部分に大きく分けることができ、前部分は対照的で厳密であり、後部分は精巧で自然である。庭園の大門は園の南東の隅にあり、東向きに建っている。門を入るとすぐ近くに築山がひとつあり、風景を隠す作用があったが、今はもうない。園内の真南には北向きの2階建ての殿堂、観音堂があり、2階から北を見渡せば園全景を望むこと

▲大門
▼正堂東の正面

▲垂花門
▼正堂北の正面

ができる。観音堂の北側には前院の南広間があり、北向きで、7部屋分の広間に3部屋分の廂が出ていて、舞台として使うことができる。全盛期、この場所には常に太鼓などの雑技演出があった。南広間の東西は渡り廊下が接していて、さらに両側にはひとつずつ垂花門がある。前院の北には5部屋分の前が回り廊下で後ろが広間になっている硬山式屋根の大広間があり、東西両側に貼山渡り廊下があり、前には精巧な太湖石が並べられ、漢白玉の石彫刻が角盆の中にある。前院の西側には石台があり、その周りに手すりが彫られ、築山がある。東側には前が回り廊下で後ろが広間になっている巻棚造りの軒館がひとつあり、前に月見台が出ていて、台の下には石がまばらに積み重ねられ、南北に石の道が広がっている。渡り廊下は大広間と東軒館、石台を貫いている。渡り廊下が取

▲池と平屋根の渡り廊下　　▲水樹の1

り囲む中にひとつの正方形亭がある。今では渡り廊下も正方形亭も無く、西側の石台も既に改修工事がされている。

　北に向かって正堂を通り過ぎると、築山を囲む池が目に入り、その形は長方形に近く、池の北西には小さな築山があり、周りには駿岸青石が積み重ねられ、岸の上には様々な形の石があり、格別な生気が満ちた築山を映え立たせている。池の中には山石が積み重なった小島があり、その上には一重の廂の八角亭がある。池の北には客間があり、池は渡り廊下に囲まれ、正堂から石橋を渡り八角亭に至り、その奥の石橋を通って客間にたどり着く。その客間は東西に平屋根の渡り廊下と接していて、壁には什錦花が咲いている。院の西の脇部屋には巻棚造りの水亭があり、周りを渡り廊下が取り囲んでいる。東の脇部屋として前に廂が出た別館がある。客間、別館、水亭、築山が池の水面に映り、更に池を泳ぐ魚と池に逆さに映っている垂れた柳があり、碧い波が揺れ動きながら漂う様子はとても美しい。

　北を向いている客間は後院の一部分で、その面積の多くが築山で占められ、庭園の跳躍と自然を表している。後院の主体建築は中心部の白モクレイ堂に位置していて、巻棚造りの屋根で、5部屋分の広さを持っている。その前の月見台の両側には2、300年の白モクレンの木が2本生

▲八角亭の旧写真

▲八角亭

えていて、白モクレン富貴堂の名はこれからきていていたが、現在はこの白モクレンの木は2本とも枯れてしまっている。広間の東西の両側にはそれぞれ貼山渡り廊下がある。広間は山や水や木々に囲まれ、白モクレン富貴堂の西側には狭い池があり、林立する築山が池の西側で北に向かって高々とそびえ立ち、その層のはっきりした気勢は非凡で、自然に景色が溶け込み、それは清代の築山の傑作と言える。広間に沿ってくねくねと北上すると3つの独立した屋敷があり、西院は梅香院で、全盛期に蝋梅の木が植えられていたことからこの名がついた。梅香院は南北に5部屋分広がり、南の部屋の前後には各3部屋分の廂が出ていて、北の部屋の東西には渡り廊下がある。真ん中の院には南北の部屋と東西の脇部屋が各3部屋分あり、どれも硬山式屋根である。東院は海棠館であり、その中庭の構成は西院と似ている。楽家庭園は至る所に山があり、東道は木々や山石が林立し、小道を通り抜けて遊覧している間に別の自然も味わうことができ、伝統的な北方庭園の静寂さを抜け出している。

　全園を見ると、庭園部分のはっきりとした中軸線が見て取れ、中軸線は前院の観音殿から始まり、後院の中間の中庭で止まり、南北を貫通している。前後の院の中庭の構成が規則正しいのは明らかである。

　楽家庭園の特徴は巧妙に山を積み重ねていることであり、園の空間は様々な築山を創り出し、多くの材料に青石を使い、築山の力強さと素朴

▲水樹の2

▲客間と東の平屋根渡り廊下

　さを顕著に表し、その山の積み重ねの規模はいかなる自家庭園も超えるものはなく、庭園全体に更に多くの雄大な野山の雰囲気を与えている。築山は元より雄壮であり、築山を以って空間を遮断することで造園者の考えを体現し、全園の最も主要な前後の中庭も客間の北側の東西に貫通する築山がある。園内の山や石も偶然にあった石筍を使って装飾し、園内の美しく優しい雰囲気を加え、この自家庭園に柔らかく精巧な感じを増長させる。園内には青石でできた山洞がいくつかあり、その形は様々であり、不揃いで、山洞は築山にぴったりと寄り添い、その巧妙な技術は人々に不思議と思わせる。その他に、白モクレン富貴堂の南にある大型の築山の中に小さな洞窟が隠れていて、変化に富んで捉えがたく、奥静かで、まるで中に別の世界があるようだ。

　園内の構成は地勢の関係で限りがあり、水のある場所は比較的少なく、前院の池は比較的整っていて、中央には八角亭があり、豊かな境地がある。礼親王の跡継ぎは花木の描写に熱中し、園内に白モクレンや合歓木、楓、蝋梅などの多くの種類の花木を植え、一年中常緑させ、生気を満ち溢れさせた。しかし今でも残っているものは少なく、ただ松と槐があるだけである。

達園

達園は海淀区海淀鎮北に 1 キロ進んだ辺りの、頤和園と円明園の間にあり、元は北洋軍閥の王懐慶の自家庭園で、またの名を「王懐慶」といい、北京郊外の自家庭園の中で保存状態が最も整っているうちのひとつである。

達園は中華民国成立後 11 年（1922 年）時に建て始められ、江南庭園と北方建築の融合であり、湖や山や石の重なりが映え、亭や土台の上に建てた柱だけの高殿や渡り廊下が連なり、木々が陰をつくり、竹が青々と生い茂り、建築配置が巧妙で、景色が人の意にかなっている。達園の前身は円明園の東の扇子湖及び湖北岸の善緑庵、慧福寺一帯の地区であった。

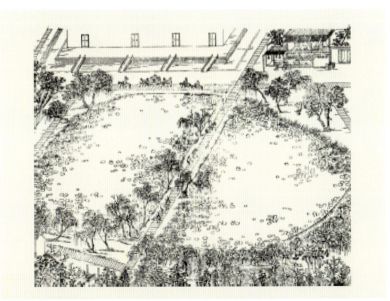

▲道光時代の間の円明園前の東西扇子湖の様子（『鴻雪因縁図記』より）

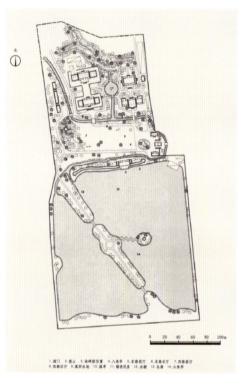

▲前湖碑

▲石笋

▲達園平面図（『北京自家庭園記』より）

　達園は東向きに造られ、園外は河に囲まれ、玉帯（昔の官吏が使った玉で飾った帯）のようであり、河の上には石橋が架かっている。

　達園全体は南と北のふたつの部分に分けられ、南は水が流れ、北には建築や築山、芝生などが配置されている。園に入ると太湖石からなる築山が目に入る。その内側には洞窟があり、西側には枝垂槐の木が1本植えられていて、傘の形のように高く生い茂っている。山の後ろには大きな芝生が広がり、西洋造園の思想と中国の伝統造園手法の融合を体現している。芝生内には乾隆帝の書いた『前湖』の詩碑が建てられていて、

▲東院の後広間

▲西院の前広間

　現在は南西の湖の岸辺に移動され、新しい御碑亭が建てられている。芝生の周りには長く尖った石筍と木化石がまばらにあり、円明園の遺物に等しい。芝生の南北部分は小川が取り囲み、小川に沿って西に進むと、芝生の終わりの山頂湖石の上に八角亭が建っている。亭の西側の樹林の深いところに青石の築山がある。芝生の北側には伝統的な建築群があり、建築形式は様々である。建築物の中間に円形の池があり、中にいくつかの石畳がある。芝生の北側には小川があり、ふたつに分かれて流れている。ひとつは山のふもとから北西に向かっていて、もうひとつは途中で曲がって池に向かい、また最北の土山の下に至るまで流れ、山の下は穴のような形になっていて、川の水源がぼんやりとしている。土山の山道はくねくねと曲がっていて、草木が生い茂り、山の上には円亭と銅製の鐘が建っている。達園南部は大きな湖に覆われている。即ち円明園前の湖の東半分である。湖は広大で、波がゆらゆら流れ、岸辺には緑の柳が木陰をつくり、爽快な気分にさせる。北の岸辺には水亭があり、その両側は長廊下で繋がっていて、廊下の突き当りには六角亭がある。北東の岸辺には船の停泊場所があり、船に乗って水の上でゆったりできる。北西から南東に向かって湖を進むと、その長堤の長さは約230ｍあり、堤防の上は緑で満ち溢れ、湖の小島に向かって別の曲がった橋を渡り、そ

▲西院の南部屋

▲西院の母屋

こで休憩もできる。

　達園の景色は美しく盛んで、園内には大きな湖、長堤、精巧な橋及びくねくねした小川が流れ、更に大きな芝生、竹林、山や石や多くの植物がある。この他に、特別に目を引く乾隆帝の書いた石碑及び古代遺産の稀な石筍や太湖石があり、すべてこの園の特色であると言える。

呉家庭園

　呉家庭園は海淀区円明園の南側、万泉河道の東側に接する掛甲屯村教養局胡同に位置している。

　この園はもともと果親王胤礼の授かった園で、清時代末期に東と西に分けられた。東は承沢園、西は醇親王載ホウの邸宅であり、後に呉鼎昌が所有したために呉家庭園と呼ばれた。

　呉鼎昌（1884－1950年）は、字は達銓といい、本籍は浙江省の呉興にあり、四川で生まれ、『新大公報』を創設した一人である。彼は中国銀行総裁、製塩業総管理などの職を次々と任され、日本の投降後に総統府秘書長を任され、中華人民共和国成立後は香港へ行った。

自家庭園 | 191

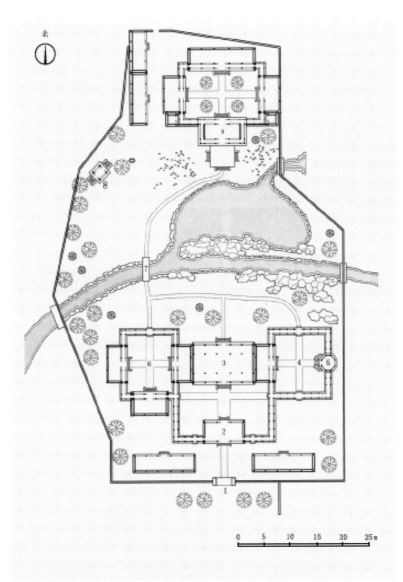

▲呉家庭園復元平面図(『北京自家庭園記』より)

▲垂花門

▲歇山式客間

　昔から、北京郊外で庭園を築くのに適した場所といえば西郊外の海淀区であり、地形が高く水を得やすかった。乾隆帝はかつて「首都西郊外の環境は爽やかで、地形が高く乾燥していて、水泉が清潔で、養生に適している」と言った。この園からは西山が望め、園内には小川が流れこみ、良い環境である。

　呉家庭園は南向きにつくられ、平面配置は不規則で、邸宅部分は基本的に中心を基準に対称になっている。園の南北の両側には住宅があり、園内には水が流れている。

　庭園の入口は邸宅の真南に位置し、大門の東西の両側に5部屋の南部屋が並んでいる。門から入ってひとつ目の院の北側は前後に入口のある広間になっていて、その広間を通過し、渡り廊下で密閉された空間を通り抜けると、北部屋は二巻き式で5部屋分の広さを持つ大広間で、東西にひとつずつ横庭があり、長廊下がその中を囲んで貫いていて、西の横庭の両側と南側に頭を突き出した廊下があり、それぞれ3部屋の広間がある。東の横庭には3つの広間があって、さらに東へ行くと、八角亭があり、八角亭と東の広間は長廊下で繋がっている。大広間、東院から出ている小道と西側の小道は最終的に合流し、漢白玉の石橋が伸びている。園内には小川があり、東西全園に流れ、石橋が川の上を跨いでいる。そ

▲池の復元想像図(『北京海淀呉家庭園漫考』より)

の水は園の西から流れ入って、石橋を通った後、北の池に流れ着き、池の南側には築山があり、互いに引き立てあっていて、北岸には一つの中庭が置かれている。そこには母屋とその脇部屋があり、院の南には廊下を取り囲む客間があり、渡り廊下によって取り囲まれ、対称的で規則正しい。中庭の南西には正方形亭があり、その台座は比較的に高く、その上に立てば遠くは西山、近くは園内の景色を眺めることができ、全園で唯一独立している亭である。

園内は万泉河の水が流れ、西から入って、東に流れ出ていて、この水の流れは園内に無限の生気を運んできている。園内の花木は水流の栄養のもとで生い茂っている。池には蓮の花が咲き、園内には牡丹、芍薬、海棠などが植えられていて、開花期が来るたびに、花の香りが漂う。

園内の建築は水の流れによってふたつに分断され、その配置は狭く、

臨機応変である。建築は南北に延びる中軸線に沿って両側が対称的に配置され、水流の南側の横庭部分にはわずかな違いがあり、その内側を八角亭が飾り、穏やかな中にも活発さが見られ、景色を楽しんで休憩する場所である。全園で最も特徴があるものは、各広間の間を迂回している渡り廊下であり、南院や北院を等しく取り囲み、園内を歩き回ることが便利になり、また園内の空間の変化をはっきりと表し、人々に様々な精巧さ、曲がりくねった道を以ってして、密で静かな雰囲気を感じさせる。

　この園の地形は平坦で、そのため一望できるが、造園家はやはり築山に別の芸術心を託している。園内の川や池の間には築山が置かれ、山と水に互いに頼らせ、全園に一つの景色を増やしているだけでなく、全ての景色に意味がある。大広間を出て北に向かって進むと、山石で覆い隠してあって、全園を更にはっきりと2層の構造にし、閑静でプライベートな空間を創り出している。

あとがき

　『北京古代建築文化大系』は北京市古代建築研究所と北京出版グループ会社に所属する北京美術撮影出版社との大型出版となる共同画策であり、主に北京市古代建築研究所が携わって編集したシリーズである。この本はその中の一冊である。

　この本は努力の集大成である。命題構想、構成は編集委員会の共同会議によって確定され、原稿は韓揚、侯兆年によって審査修訂された。皇宮庭園と自家庭園部分は、劉珊、劉文豊、陳莞蓉、孫海紅、陳輝によって手掛けられた。この本の中の実測図は北京市頤和園管理所及び清華大学の賈珺などの提供である。この本には多くのカメラマンの作品が広範に収集、整理され記載され、カメラマン達は本の内容に適した写真を多く撮った。この場を借りて、この本の制作に関わった全ての人に衷心の感謝を示す。

　編集過程において、東城区、海淀区の文化財部門と管理、職場及び職場の同僚の積極的な協力を得ることができ、彼らはとても熱心で、無私な協力をしてくれた。そのおかげでこの本の草稿を無事完成させることができたのである。この場を借りて、この本の編集と出版のサポート、協力をしてくれた全ての人に真摯な感謝を示す。

　私たちがこの本の中で引用、参考にした多くの前作、この本を充実させたこれらの資料は重要な作用をもち、これにもまた感謝を示す。

　本のページ数の関係で、まだ多く存在する古典庭園はここでは割愛する。古くから存在し、現状不完全な古典庭園については、この本には収録されていないことを遺憾に思う。

　私たち自身の表現には限界があるため、この本の中には間違いや手抜かりが生まれてしまう可能性があるが、寛容な心を持った読者と専門家が叱正してくれることを切実に願う。

編集者

北京古代建築文化大系【庭園編】　　　　定価 2980 円
2017 年 9 月 1 日　初版第 1 刷発行

編　　　者	北京市古代建築研究所
訳　　　者	田中久幾　谷尾詩織
監訳／出版人	劉　偉
発　行　所	グローバル科学文化出版 株式会社
	〒 140-0001 東京都品川区北品川 1-9-7 トップルーム品川 1015 号
印　刷／製本	株式会社シナノ

© 2017Beijing Publishing Group Beijing Arts and Photography Publishing House
落丁・乱丁は送料当社負担にてお取替えいたします。
ISBN 978-4-86516-000-0　C0352